1 fr. 50 le volume avec gravures dans le texte.

BIBLIOTHÈQUE VARIÉE

DR PHILIPPS

JEAN BART

ET

DU QUESNE

PARIS

LIBRAIRIE GÉNÉRALE DE VULGARISATION

9, RUE DE VERNEUIL, 9

JEAN BART

ET

DU QUESNE

DU QUESNE

BIBLIOTHÈQUE VARIÉE

DR PHILIPPS

JEAN BART

ET

DU QUESNE

PARIS

LIBRAIRIE GÉNÉRALE DE VULGARISATION

9, RUE DE VERNEUIL, 9.

BIBLIOTHÈQUE VARIÉE
Avec Gravures dans le Texte
A 1 FR 50 LE VOLUME

3033. — ABBEVILLE. — TYP. ET STÉR. A. RETAUX.

JEAN BART & DU QUESNE

I

Cornille Bart au siége de Dunkerque. — Guerre de la Succession
d'Espagne. — Débuts de Jean-Bart, en 1664. — Louis XIV déclare
la guerre à l'Angleterre, pour soutenir la Hollande. — La Hollande
bat la flotte anglaise. — Mécontentement de Louis XIV. —
L'amiral Ruyter, en 1666.

Un traité d'alliance, dans lequel Louis XIV donna le
le titre de *Frère* au républicain Cromwel, avait été conclu entre la France et l'Angleterre au mois de mars 1657.
Par ce traité, Louis XIV s'engageait à faire sortir de son
royaume les fils exilés de Charles Ier; Cromwel s'engageait, de son côté, à courir sus aux Espagnols de concert avec son frère et allié le roi de France.

Une flotte anglaise, avec six mille hommes de troupes
de terre, devait attaquer les Espagnols dans les Pays-

Bas et, de concert avec les Français, s'emparer de Dunkerque, qui resterait à l'Angleterre.

L'alliance de Cromwell rendit la campagne de 1657
décisive pour les Français. Turenne, renforcé de six
mille vieux soldats puritains, prit Saint-Venant, Bour-
bourg, Mardick, et assiégea Dunkerque. Don Juan
d'Autriche avait été nommé gouverneur des Pays-Bas ;
il rassembla toutes ses forces, et accourut avec Condé,
pour forcer les lignes des assiégeants. Turenne alla
au-devant de lui dans les dunes qui bordent la mer du
Nord, et, sans lui laisser le temps de faire arriver son
artillerie ni de prendre position, il l'attaqua et le mit
en pleine déroute, le 14 juin 1658. Dunkerque se rendit ; puis, on s'empara de Furnes, Gravelines, Oude-
narde, Ypres, et l'on poussa les Espagnols jusqu'à
Bruxelles. La cour de Madrid se trouva dans la plus
grande détresse ; sa marine était détruite par les corsaires anglais ; les Portugais venaient de gagner contre
ses armées de terre la sanglante bataille d'Elvas ; le duc
de Modène envahissait le Milanais, et, au milieu de tous
ces revers, le génie de Mazarin, doublé de la fortune de
Cromwel, lui portait le dernier coup. Elle demanda la
paix. Le traité des Pyrénées fut signé, et l'Angleterre
subit, après la mort du Protecteur, une nouvelle secousse

politique, qui rappela au trône la famille des Stuarts.

Or, tandis que Dunkerque était assiégé, et quelques jours avant la bataille des Dunes, un vieux corsaire flamand, nommé Cornille Bart, blessé sur les remparts dès le commencement des hostilités, devisait tristement avec sa femme Catherine Jansen, dans la salle basse d'une maison de modeste apparence, située vers le milieu de la rue de l'Église. Ce brave homme s'impatientait d'être obligé de défendre la ville contre les Français qu'il aimait et dont il souhaitait la victoire; il ne se consolait à demi, qu'en se voyant condamné par sa blessure à attendre l'issue des événements.

A ses pieds s'agenouillait un enfant qui devait ajouter au nom de sa famille l'illustration d'une vie glorieuse. C'était le fils de maître Cornille. Robuste garçon d'environ neuf ans, d'une taille moyenne, mais déjà vigoureuse, son nom était Jean Bart. On remarquait son front large, ses grands yeux bleus pleins de résolution, qui contrastaient singulièrement avec le reste d'une physionomie pleine de douceur.

Maître Cornille Bart caressait les cheveux blonds de son fils, et lui racontait les vieilles prouesses d'Antoine Bart contre les Anglais. « Ce jour-là, disait-il avec une animation que la bonne Catherine ne voyait pas sans inquiétude, ce jour-là, j'étais avec mon père sur un brigantin commandé par un fameux corsaire qu'on appelait le *Renard* de la mer. Seuls contre trois vaisseaux anglais, nous en avions détruit un, et les deux autres, criblés de coups, nous approchaient avec peine, tant nous combattions avec rage. Cependant, poussés à bout par nos bravades, ils nous abordent tout à coup des deux côtés du brigantin. Il se fait une terrible et sanglante mêlée. Hache en mains, coutelas au poing, on se mesure homme à homme. Mais les ennemis étaient en forces, et plus de la moitié de notre monde était déjà taillé en pièces ; parmi le reste, dix hommes à peine, moi compris, se trouvaient sans blessures. Le *Renard* avait reçu une arquebusade en plein corps, mon père trois coups de pique, et le pont se couvrait de morts et d'agonisants. Alors, le *Renard* se sentant hors d'état de prolonger la lutte, voyant la poupe de notre malheureux brigantin broyée par les boulets, sent que nous allions couler bas si les Anglais ne nous sauvaient point. Désespéré d'une telle situation, et préférant une mort héroïque aux angoisses de la captivité que nous réservaient les vainqueurs, il crie à mon père : « Antoine, le feu aux poudres, et à la grâce de Dieu ! Ces requins rouges ne nous auront pas vivants ! »

En écoutant ce récit, l'œil de Jean Bart flamboyait.

Maître Cornille sourit et continua : « Le *Renard*, dit-il, n'y allait pas à demi. Je le vois encore ! Ne pouvant déjà plus manier sa hache ébréchée, il s'était cramponné de tout son poids après le capitaine anglais, pour lui faire partager son sort et l'entraîner dans l'abîme. Plus de cent Anglais couraient sur notre pont, et le *Renard* criait toujours à mon père : « Le feu aux poudres ! aux poudres ! » Mais mon brave père ne pouvait obéir plus vite, arrêté, je crois bien, par les cadavres qui encombraient l'entrée du magasin de l'artillerie. Enfin, il y arriva, car, tout à coup, moi, qui venais d'être blessé, et qui me défendais encore dans un coin contre deux habits rouges armés de hallebardes, je sentis une épouvantable secousse et je perdis tout sentiment. La fraîcheur de l'eau où j'étais tombé me fit revenir à moi, et je me trouvai machinalement attaché à un débris. Alors je vis des Anglais qui, dans des bateaux, allaient çà et là, recueillant les naufragés ; je fus repêché par l'une de leurs chaloupes. Je demandai mon père : il était mort ; le *Renard*, notre digne capitaine : mort aussi ! De tout notre équipage il restait deux hommes ; de notre brigantin, quelques planches fumantes ! Mais aussi, Dieu est juste ! des deux frégates

anglaises qui nous avaient exterminés, il n'en restait
plus qu'une, dans un désordre affreux; l'autre avait
sauté avec nous! On m'emmena prisonnier en Angleterre avec les deux matelots qu'on avait sauvés. Voilà,
mon fils, comment finit ton grand-père; voilà comme
je voudrais finir... et toi?...

— Oh les Anglais! les Anglais! s'écria le petit Bart,
en serrant les poings, je les verrai de près, s'il plaît à
Dieu!

Le 17 juin, Dunkerque se rendit à l'armée franco-
anglaise. Louis XIV garda sa prise un jour, et la remit
ensuite à Cromwel, comme l'y engageait son traité.

Quelques années après, maître Cornille était mort.
Jean Bart avait déjà fait son noviciat de marin en battant tous les mousses anglais, grimpant dans les hunes
de tous les bâtiments du port, et s'aventurant parfois,
sur un frêle esquif, à travers les lames de la haute
mer.

Pendant ce temps, Louis XIV, à l'aurore de sa gloire,
ne songeait à rien moins qu'à s'investir par les armes,
ou par la diplomatie, du protectorat de l'Europe, dont
les traités de Westphalie, des Pyrénées et d'Oliva avaient
pacifié le centre, le sud et le nord. A la suite de ces ar-
rangements, qui fixaient les territoires, les rangs, le

droit public international, et qui étaient les plus vastes qu'on eût encore accompli, on n'apercevait plus de cause de guerre un peu sérieuse et prochaine. Mais il y avait, en France, un jeune roi qui avait sa réputation à faire, et les ressources d'un pays vigoureux à employer.

« Il faut, disait Jean de Witt, le premier magistrat de la Hollande, il faut que le roi de France ait une modération extraordinaire et presque miraculeuse, s'il se dépouille de l'ambition qui est si naturelle à tous les princes, pour ne pas se servir des avantages qu'il a sur l'Espagne, puissance tellement affaiblie qu'elle ne se conserve que par sa faiblesse même. »

C'était, en effet, la question d'Espagne qui allait être le moyen de la grandeur et le nœud du règne de Louis XIV. La lutte entre les deux nations rivales, qui semblait terminée depuis le traité des Pyrénées, allait recommencer, mais sous une nouvelle face. Il ne s'agissait plus seulement d'abaisser la maison d'Autriche, mais de la déposséder de la couronne d'Espagne ; il ne s'agissait plus seulement de faire entrer la Péninsule dans le système politique de la France, mais de l'assujettir indirectement en établissant la dynastie française sur le trône de Charles-Quint.

Telle avait été la pensée de Mazarin à Munster et sur

la Bidassoa ; tel avait été le but du mariage du roi de France avec une infante ; tel fut le pivot sur lequel devaient tourner tous les événements du règne de Louis XIV.

Le jeune roi avait formé le projet de revendiquer la succession de la monarchie espagnole, en tout ou en partie : 1° pour le tout ; si le fils que Philippe IV avait eu d'un second mariage, enfant qui n'avait qu'un souffle de vie, venait à mourir, il prétendait que l'infante Marie-Thérèse, fille aînée du premier lit, devait hériter de toute la monarchie , malgré la renonciation formelle qu'elle avait faite, en se fondant sur ce qu'un contrat particulier ne pouvait déroger à la loi fondamentale de l'Espagne, et sur ce que la validité de la renonciation était subordonnée à l'exactitude des paiements de la dot, d'après la lettre formelle du traité (1) : or, pas un écu n'avait été payé ; 2° pour une partie ; si le fils de Philippe IV vivait et régnait, il revendiquait les Pays-Bas, en s'appuyant sur une coutume du Brabant, appelée droit de dévolution, qui donnait aux enfants du premier lit la propriété des biens de leurs parents, à l'exclusion des enfants du second lit ; coutume toute civile, que Louis XIV détournait de son application ordinaire pour

(1) *Négociations relatives à la Succession d'Espagne*, pag. 52.

la transporter dans l'ordre politique. L'acquisition des Pays-Bas, écrivait Mazarin, en 1646, formerait à la ville de Paris un boulevard inexpugnable ; et ce serait alors véritablement qu'on pourrait l'appeler le cœur de la France (1). Cette pensée était celle de son successeur.

La question d'Espagne, présentée sous cette double face, fut l'objet de négociations continuelles, de 1661 à 1668, négociations qui furent dirigées par le ministre Hugues de Lyonne, avec une sagesse, une persévérance, une activité qui n'ont pas été surpassées, et qui font de ces sept années l'époque la plus brillante de la politique de Louis XIV. On s'adressa d'abord à Philippe IV, pour obtenir de lui la révocation de l'acte de renonciation, et l'on éprouva un refus ; mais la cour d'Espagne admit la justice de la réclamation, et Louis de Haro déclara qu'il regardait cette révocation comme inutile. Alors l'on s'occupa seulement du droit de dévolution, dont l'éventualité était la plus prochaine, et qui pouvait avoir deux adversaires redoutables, les Provinces-Unies de la Hollande, et l'Empereur. Il fallait s'assurer des unes, qui avaient tant d'intérêt à n'avoir pas la France

____

(1) *Succession d'Espagne*, T. 1, p. 178. — *Lettres de Mazarin*, du 20 janvier 1646.

pour voisine, et rendre impuissant l'autre, qui pouvait prétendre des droits à toute la monarchie espagnole, comme devant épouser la seconde fille de Philippe IV.

A cette époque, les Provinces-Unies étaient toujours divisées en deux partis très acharnés, le parti bourgeois et le parti féodal. A la mort de Guillaume II (en 1650), fils de Frédéric-Henri, le premier l'avait emporté; le stathoudérat avait été aboli à perpétuité, et le pouvoir exécutif confié à un magistrat appelé *grand-pension-naire*, qui réunissait les attributs de garde-des-sceaux, de chargé des affaires étrangères et de directeur des États-Généraux. Jean de Witt fut nommé grand-pension-naire, en 1653. C'était un homme du plus haut mérite, plein de vertus et de patriotisme, sous le gouvernement duquel la République parvint à son apogée de grandeur et de prospérité. Le parti bourgeois, c'était le parti de l'alliance française; le parti féodal était celui de l'alliance anglaise. La Hollande n'avait rien à redouter de la France, à qui elle devait son existence, et avec laquelle elle faisait un commerce très avantageux. Elle avait, au contraire, tout à craindre de l'Angleterre, qui voulait la chasser de l'Océan, et avec laquelle ses vaisseaux étaient en état continuel d'hostilité. De plus, comme les deux pays, à cause de la communauté de religion, exerçaient

une grande influence l'un sur l'autre en fait d'institu-
tions, le rétablissement de la royauté dans la Grande-
Bretagne semblait présager le rétablissement du stathoudérat dans les Provinces-Unies ; et, en effet,
Charles II, qui se défiait des relations des républicains
anglais avec les Arminiens de la Hollande, avait le projet
de faire nommer stathouder son neveu Guillaume, fils
de Guillaume II, qui était encore enfant. Une guerre
semblait imminente entre les deux marines rivales. Jean
de Witt tourna donc tous ses soins à ménager l'alliance
française ; et Louis XIV profita de cette disposition pour
faire admettre à la Hollande et ses prétentions géné-
rales à la monarchie espagnole, et ses projets particu-
liers sur les Pays-Bas. Jean de Witt voulait qu'on fit de
ces pays une république belge ; Louis XIV offrait de les
partager avec les Hollandais. Ces deux propositions
échouèrent ; mais l'on n'en conclut pas moins un traité
de commerce et d'alliance offensive et défensive, dirigé
principalement contre l'Angleterre et l'Espagne.

Deux ans après, en 1664, la guerre éclata entre l'Angleterre et la Hollande. Louis XIV, sommé par la République de lui prêter assistance, aurait voulu rester neutre
dans cette querelle, pour ménager sa marine naissante ;
il prétexta d'abord l'éloignement de ses vaisseaux, qui

guerroyaient sur la côte d'Afrique, et resta spectateur des batailles acharnées qui furent livrées entre les flottes puissantes des deux reines de l'Océan ; mais il permit à quelques grands seigneurs de sa cour d'aller combattre, comme volontaires, sous les ordres de l'amiral Ruyter, qui fixait les regards des plus célèbres guerriers de son temps. C'est auprès de lui que nous retrouvons le jeune Jean Bart.

Après avoir débuté, comme simple matelot, sur quelques petits navires de Dunkerque, Jean Bart servait, en qualité de second maître, à bord du *Cochon-Gras*, brigantin de vingt-six canons, qui faisait le service de *paquet-boot* entre la France et l'Angleterre. Ce navire fut ensuite employé comme garde-côte, en croisière continuelle dans le Pas-de-Calais, soit afin d'annoncer la venue ou le passage des vaisseaux anglais qui seraient sortis de leurs rades, soit afin de piloter, dans le hâvre de Calais, les vaisseaux hollandais assez désemparés pour ne pouvoir regagner un de leurs ports.

Lorsque, pressé de tenir les engagements de son alliance offensive et défensive, Louis XIV eut déclaré la guerre à l'Angleterre pour soutenir la cause des Provinces-Unies, le duc de Beaufort eut ordre, au mois de juin 1666, de rallier la flotte hollandaise. Son escadre

arriva trop tard, après une lutte acharnée dans laquelle les Hollandais avaient forcé le pavillon britannique à se réfugier dans la Tamise. Cette circonstance donna lieu à des regrets et à des reproches de la part des deux puissances alliées. Les États-Généraux regrettèrent humblement que la flotte du roi de France n'eût pu se joindre à la leur, pour partager sa gloire. Louis XIV reprocha durement aux États-Généraux de s'être trop hâtés de faire sortir leurs vaisseaux, au lieu d'attendre les siens ; mais il est probable qu'il avait pris des mesures pour que cette jonction n'eût pas lieu, car, de deux choses l'une :
— la flotte française aurait été battue ou victorieuse ;
— battue, notre marine naissante se voyait pour long-temps hors d'état de tenir la mer et de défendre nos propres côtes ; — victorieuse, elle devait être exposée à plus d'un mécompte : 1° La flotte des Provinces-Unies étant trois fois plus nombreuse que l'escadre française, les Hollandais eussent nécessairement prétendu que toute la gloire du triomphe leur demeurait acquise ; 2° le roi, par cet avantage insignifiant, s'exposait à un malheur irréparable, celui de faire terminer trop tôt, et d'une manière trop décisive, une guerre qu'il avait intérêt à prolonger. Or, cette dernière conjecture se fût réalisée, selon toute apparence, car les Anglais, qui

avaient été battus à armes égales, eussent été nécessairement écrasés par les deux flottes réunies ; et alors, sans nul doute, Charles II proposait la paix, la République l'acceptait, et Louis XIV, ne pouvant s'y opposer, était réduit à lui susciter un nouvel ennemi pour prolonger la guerre. Or il fallait à Louis XIV une guerre à tout prix, afin de cacher aux yeux de l'Europe ses immenses préparatifs contre les Pays-Bas espagnols.

Lorsqu'on reçut en France la nouvelle de la victoire des Hollandais, l'enthousiasme se répandit comme l'éclair ; de nobles exemples enflammaient tous les courages, et le récit des exploits du prince de Monaco et du comte de Guiche faisait bouillonner le sang des plus brillants seigneurs de la jeune cour de Louis XIV. Le prince de Monaco et le comte de Guiche étant sur le vaisseau du capitaine Terlon, second de l'amiral Ruyter, furent les premiers qui chargèrent les ennemis, et ensuite abordèrent si vivement le vice-amiral anglais qu'ils en vinrent aux coups de pistolet ; et comme les uns et les autres furent soutenus, ce combat dura deux heure : il y eut beaucoup de monde tué de part et d'autres : le comte de Guiche se mêlait aux matelots et aux soldats. Dans le temps que les Hollandais se croyaient sur le point d'enlever le vaisseau ennemi, le feu prit au leur. Ils travaillèrent autant qu'ils purent pour éteindre cet incendie ; mais le feu ayant déjà gagné les voiles, le prince de Monaco et le comte de Guiche se déshabillèrent et se mirent en caleçon pour se jeter à la mer, avant que l'embrasement gagnât les poudres. Dans cet instant suprême, un des vaisseaux hollandais passant à la poupe de celui où ils étaient, trois ou quatre hommes parvinrent à s'y jeter, et se sauvèrent de la sorte. Le vaisseau où ils entrèrent était commandé par le frère de l'amiral Ruyter, qui se porta vivement au secours d'un autre navire fort maltraité. Ils combattirent encore trois heures sur ce vaisseau, jusqu'à ce qu'il fût mis hors de combat et qu'on vînt recueillir les débris de son équipage. Le prince de Monaco et le comte de Guiche, avec le sieur de Nointel, qui n'avait pas voulu les abandonner, furent menés presque nus dans le vaisseau de l'amiral Ruyter, qui les reçut avec joie et leur fit distribuer ses propres vêtements. Le comte de Guiche avait reçu trois blessures ; on l'avait toujours remarqué aux postes les plus périlleux. (1)

(1) Lettre du comte d'Estrades au roi (17 juin 1666).

Les officiers français venaient de se signaler, du moins, à bord de la flotte alliée au défaut de la flotte française elle-même : l'honneur du pavillon national était sauf. Nous devions, plus tard, reprendre en bloc notre revanche sur cette même mer.

II

Le marquis de Cavoye chez Jean Bart, contre-maître du pilote du port Saint-Paul, en Picardie. — Jean Bart à bord du vaisseau de l'amiral Ruyter. — Combat des 4, 5 et 6 août 1666. — Déclaration de guerre de Louis XIV aux Provinces-Unies. — Jean de Witt.

Dans le courant de juillet, Louis d'Oger, marquis de Cavoye, qui avait partagé les jeux d'enfance de Louis XIV, et messieurs d'Harcourt et de Coislin obtenaient du roi la faveur enviée d'aller courir sus aux Anglais, sous le pavillon de Ruyter; et avant la fin du même mois, ces trois brillants cavaliers, équipés avec un luxe de prince, arrivaient à cheval, vers la tombée de la nuit, sur la crête de ces hautes terres qui forment, en Picardie, le cap Grinez, au nord de Boulogne et d'Ambleteuse, et au sud-ouest de Calais. M. de Charost, lieutenant-gouverneur de Picardie, leur avait conseillé de s'embarquer, avec un pilote et quelques rameurs, au petit port de Saint-Paul. Malheureusement pour leur impatience, on leur apprit, à l'auberge où ils avaient mis pied à terre, que le maître-pilote royal était sorti des passes pour conduire à Calais une ramberge hollandaise détraquée par un violent coup de mer, et qu'il ne restait à Saint-Paul qu'un jeune pilotin, fort brave et d'une habileté reconnue, mais auquel leurs Seigneuries hésiteraient peut-être à se confier.

Le marquis de Cavoye et ses deux compagnons, protestant qu'ils se mettraient à la nage plutôt que de ne point partir cette nuit, se rendirent au logis du pilotin pour juger par eux-mêmes du degré de confiance qu'ils pourraient lui accorder. Ils le trouvèrent fumant sa pipe, et accoudé sur la terrasse d'une petite maisonnette bâtie sur une roche dont la mer venait battre le pied. Il ne se dérangea point à l'approche des nobles étrangers.

— Mon ami, lui dit M. de Cavoye, M. le gouverneur de Picardie avait ordonné au pilote royal de nous attendre ici. Sa caravelle devait être à nos ordres pour nous conduire vers les bancs d'Harwich, où nous devons rencontrer l'escadre hollandaise; pourquoi donc a-t-il manqué aux injonctions de M. de Charost?

— Pardieu, Messieurs, c'est tout simple; le pilote

royal a fait son devoir en menant au port de Calais un vaisseau de guerre hollandais désemparé ; au surplus, comme il pensait que vous pourriez bien arriver d'un moment à l'autre, il est parti en canot, au risque de chavirer sur les lames, et sa caravelle est restée à l'ancre à Saint-Paul. Tenez, on la voit d'ici.

— Et qu'en ferons-nous de sa caravelle? le pilote absent, qui nous conduira ?

— Son contre-maître, si vous le voulez.

— Et où donc est-il?

— C'est moi.

— Allons, enfant, vous vous moquez de nous !

— Comme il vous plaira, reprit Jean Bart, car c'était lui; mais comme il se fait tard, et que, si je ne vous conduis pas, mes dents n'en tomberont point, allons nous coucher.

En voyant cette insouciance presque dédaigneuse, les trois gentilshommes se regardèrent. Refuser l'offre du pilotin, c'était faire preuve de peu de courage, et lui donner le droit d'en jaser, le lendemain, avec les mariniers du port. Partir sous sa conduite, et au risque d'être victimes de son inexpérience, c'était jouer gros jeu pour peu de gloire.

— Allons, Messieurs, reprit Jean Bart, en secouant

la cendre de sa pipe, en mer tout à l'heure, ou au lit !

— Diable ! diable ! un moment ! s'écria M. de Cavoye, qui, dans les circonstances importantes, se réservait toujours la parole. En mer, ou au lit, c'est bon à dire. Les grabats de ce village ne nous tentent guère assurément, et nous aimerions mieux, si cela était possible, coucher cette nuit sur le bord de M. de Ruyter. Mais encore faudrait-il savoir de vous, jeune pilotin, si vous êtes bien sérieusement capable de nous faire faire la traversée. C'est grave, très grave, entendez-vous ?

— Vive Dieu, reprit Jean Bart en se croisant les bras, qu'est-ce qu'il y a donc de si grave à conduire une paire et demie d'hommes d'ici aux bancs d'Harwich, quand un mousse de dix ans s'en irait là, la tête sous l'épaule ?

— Depuis combien de temps naviguez-vous, mon ami ?

— Depuis sept ans.

— Vous êtes Français ?

— Ma famille est de Dieppe, je suis né à Dunkerque, et voilà, reprit le jeune marin en tirant de son haut-de-chausses un parchemin, voilà un certificat délivré par l'amirauté, qui constate que Jean Bart, apprenti marin, a gagné le prix comme le meilleur pointeur d'artillerie du port de Calais. Eh bien ! aurez-vous confiance ?

— Mais..... mais oui, après tout..... certainement..... et surtout si vous avez un bon équipage de..... vieux marins.

— Mon équipage, Messieurs, c'est moi, et deux hommes couchés, à l'heure qu'il est, au fond de la caravelle. Là-dessus, et pour la dernière fois, en route, ou bonsoir ! Voilà minuit qui sonne à la paroisse. Dépêchons !...

Il n'y avait pas à reculer. MM. de Cavoye, d'Harcourt et de Coislin trouvèrent l'aventure piquante ; le rude accueil de Jean Bart, sa manière naïve de persifler leurs appréhensions, et l'allure décidée de toute sa personne ne pouvaient être le fait d'un homme ignorant son métier. Les nobles seigneurs pensèrent, en outre, que la peau de ce jeune manant lui devait être aussi précieuse que leur propre conservation, et qu'il ne courrait pas, de gaieté de cœur, sans obligation et sans nécessité, un péril presque inévitable. Ils se décidèrent.

Un quart d'heure après, ils s'embarquaient, avec leurs bagages et trois valets, sur la caravelle, et le léger bâtiment, doublant la pointe de Kenau, filait comme une flèche dans la direction du nord-est, favorisé par la brise et le jusant.

La partie de la côte orientale d'Angleterre qui borne, du côté de la mer, le comté d'Essex court, ainsi que l'on sait, du sud au nord, depuis les entrées de la Tamise jusqu'à l'endroit où les rivières Stour et Orwel se jettent dans l'Océan, tout près des hauts-fonds appelés les bancs d'Harwich. Ces bancs forment un assez bon mouillage, par les vents d'ouest-nord-ouest et sud-ouest. La flotte des Provinces-Unies y était à l'ancre, le 30 juillet ; Michel-Adrien de Ruyter, lieutenant-général amiral des États-Généraux des Provinces-Unies, commandait cette escadre, forte de soixante-quinze navires de guerre et de onze brûlots. D'après les rapports obtenus par un maître de vaisseau de Dantzig, la flotte anglaise, commandée par le général Monck et le prince Robert, composée de soixante-seize vaisseaux, sans compter les brûlots et les bâtiments légers, était mouillée près de Queens'borourgh, non loin de l'île de Shepey. Les flottes ennemies se trouvaient donc à une distance d'environ vingt lieues l'une de l'autre, et n'attendaient sans doute qu'un temps favorable pour se livrer un nouveau combat. Ruyter, décidé d'abord à tenter une descente au port d'Harwich, avait choisi son mouillage près de la côte; mais ayant appris que les passes de ce hâvre étaient nouvellement fortifiées, il avait renoncé à ce projet, et attendait que la flotte anglaise sortît de la Tamise pour se retirer des bancs et lui livrer bataille en haute mer.

Le spectacle qu'offrait cette innombrable quantité de navires était aussi singulier que magnifique. C'était une espèce de grande ville, composée de maisons flottantes et divisées en quartiers, avec leurs rues, leurs places et leurs esplanades que sillonnaient des milliers de barques et de canots. Au centre, et dominant tous les autres navires, s'élevait le vaisseau *les Sept-Provinces,* armé de quatre-vingts canons, et sur lequel Ruyter avait arboré son pavillon amiral. Ce vaisseau était alors cité comme le plus magnifique navire de la marine hollandaise, et méritait cette réputation par la supériorité de sa marche et par la profusion de sculptures dont on avait chargé les cinq étages de son château-d'arrière, qui, élevé d'une manière démesurée, était encore surmonté de trois énormes fanaux de bronze doré; de sorte que le couronnement de ce vaisseau s'élevait presque à une hauteur égale en parallèle à celle des deux tiers de son grand mât. Mais malgré, ou peut-être à cause de cet énorme château, ce navire offrait un coup d'œil des plus majestueux, car on ne pouvait voir sans admiration cette masse de bois et de fer qui s'éle—vait au-dessus de l'eau comme une tour gigantesque. A sa poupe flottait le pavillon des États-Généraux des Provinces-Unies; il était rouge, chargé d'un lion d'or qui tenait en sa patte droite un sabre d'argent, et dans sa patte gauche un faisceau de sept flèches d'or, à pointes et pennes d'azur.

Après une rude, mais heureuse traversée, la cara-velle de Jean Bart vint s'accrocher à l'échelle du na-vire de Ruyter. Notre jeune marin, en sa qualité de capitaine d'esquif, voulut remettre lui-même à l'amiral ses nobles passagers. L'officier hollandais qui comman-dait le quart sur le pont trouvait cette prétention fort bizarre de la part d'un pilotin vêtu de bure et coiffé d'un bonnet de laine. Mais les trois gentilshommes, charmés de son adresse autant que de l'heureuse issue de leur voyage, insistèrent eux-mêmes pour que cette justice ou cette faveur fût accordée à leur conducteur.

Ruyter les reçut avec bienveillance, et les frappa vi-vement par l'aspect de son extrême simplicité. C'était un homme d'environ soixante ans. Ses cheveux étaient tout blancs, et son épaisse moustache, blanche aussi, était relevée à la mode des anciens mariniers. Il paraissait d'une taille médiocre et frêle; son visage était large, son front haut, ses yeux gris et perçants, son teint fort coloré. Son vêtement consistait en une sorte de longue robe de chambre de bure noire, serrée sur ses hanches par une ceinture de cuir.

En présence de cet homme qu'environnait à ses yeux une auréole de gloire, il s'était opéré un changement complet dans le maintien de Jean Bart; lui, naguère si calme, si insouciant, si sûr de lui-même, paraissait fort agité; il rougissait, une sueur froide mouillait son front, et quand, par hasard, il rencontrait le regard perçant de Ruyter, il baissait les yeux avec une timidité et un embarras extrême. C'est que cette organisation tout unique était alors soumise à l'espèce de charme et de fascination qu'elle devait éprouver en présence de la seule supériorité qui à ses yeux fût réellement imposante. Le jeune homme naïf et résolu pouvait bien regarder en face, et sans se troubler, un grand seigneur comme MM. de Cavoye, d'Harcourt ou de Coislin; mais il ne pouvait échapper aux sentiments de respect et d'admiration que lui inspirait la vue d'un vieux marin tel que Ruyter.

Lorsque l'amiral eut pris connaissance des lettres de M. de Charost, il dit aux gentilshommes avec politesse, mais avec une froideur mêlée de quelque contrainte, que, puisqu'ils le désiraient, il les ferait bientôt assister à un combat naval, et qu'en attendant il exercerait de son mieux à leur égard les devoirs de l'hospitalité. Au moment où ils allaient se retirer, Jean Bart tomba aux genoux de Ruyter.

— Eh bien, mon garçon, que fais-tu donc là ? lui demanda l'amiral, d'un ton de brusquerie paternelle où perçait l'accent de l'intérêt.

— Monsieur, répondit Jean Bart en joignant les mains, moi qui n'ai vu ni Dieu, ni le roi de France, je n'ai jusqu'à présent rien rencontré de plus saint et de plus respectable qu'un marin comme vous l'êtes.....

— Mon pauvre enfant, reprit Ruyter en lui frappant doucement la joue, les hommes ne sont rien que ce qu'il plaît à Dieu de les faire; relève-toi, et dis-moi tout simplement ce que tu veux.

— Rester ici, dans un coin, près de vous.

— Oh ! oh ! et d'où viens-tu ?

— De Saint-Paul, proche de Calais, où j'étais contre-maître du pilote royal. Gardez-moi, je vous en supplie, monsieur l'amiral, ne fût-ce que pour tirer les gar-gousses de la cale et les passer aux canonniers !

— Et ta caravelle ?

— Elle est montée par deux braves gens, qui sauront bien retrouver leur chemin.

— Allons, soit, reste ici ; sois brave, alerte, vigilant, et qui sait si l'apprentissage de la guerre ne te conduira pas à quelque chose ! Tel que tu me vois, je commande aujourd'hui cent vaisseaux de guerre ; eh bien, à ton âge, je gagnais un sou par jour à tourner la roue de la corderie dans le port de Flessingue. Va, je ne t'oublierai pas.

En achevant ces mots, Ruyter fit appeler son maître d'équipage, et lui recommanda d'avoir l'œil sur le jeune volontaire.

Tel fut le début de Jean Bart dans sa glorieuse carrière.

Les 4, 5 et 6 août 1666 furent témoins de luttes sanglantes entre les flottes hollandaise et britannique. Jean Bart, qui avait fait connaître sa qualité d'habile pointeur, ne quitta point son sabord, et mérita les compliments de Ruyter après la victoire.

Moins de deux ans après, les Hollandais, mécontents du faible appui que la France leur avait prêté, remuèrent toutes les Puissances contre elle en faveur de l'Espagne. Ils parvinrent à former, avec l'Angleterre et la Suède, une ligue, qui fut nommée la triple alliance, pour empêcher toute agression de Louis XIV sur le territoire de la monarchie espagnole ; ils ménagèrent entre le Portugal et l'Espagne une paix qui laissa à celle-ci toutes ses ressources contre la France ; enfin, ils sollicitèrent l'Empire et l'empereur d'Autriche d'entrer dans cette ligue. Louis XIV, inquiet, signa, le 2 mai 1668, le traité d'Aix-la-Chapelle, qui devait lui donner le temps de modifier sa politique dans le sens de ses intérêts d'avenir ; puis reprenant, par des voies détournées, son projet d'unité européenne, il fit d'un principe religieux la base de son nouveau système, et se déclara le champion de l'unité catholique et du pouvoir absolu ; deux choses qu'il croyait inséparablement unies, par une erreur qui devint fatale à lui-même et à sa dynastie.

La République des Provinces-Unies devait son origine, son indépendance et sa prospérité au Calvinisme ; c'était le seul grand État qui fût né de la longue tourmente de la Réforme : ses richesses, sa marine, l'influence qu'elle exerçait en Europe faisaient d'elle la gloire de tous les protestants, et surtout des protestants de France et d'Angleterre. C'était là que s'étaient réfugiés les républicains anglais, après la restauration des Stuarts ; c'était de là que sortaient tous les pamphlets politiques et religieux qui attaquaient le roi de France, son gouver-

Jean Bart ordonnant le branle-bas de combat

nement, son orgueil et ses maîtresses. Les Hollandais, fiers de leurs tonnes d'or et de leurs vingt mille vaisseaux, de la paix qu'ils avaient imposée à l'Angleterre au traité de Bréda, à la France au traité d'Aix-la-Chapelle, se vantaient d'être les arbitres des Rois; c'étaient **eux** qui venaient de sauver les États du descendant de Philippe II; à leur aspect, disaient-ils en faisant allusion à la devise de Louis XIV, le *soleil* s'était arrêté. Louis s'irrita de ces sarcasmes, qui le faisaient descendre du piédestal où l'admiration de ses courtisans l'avait placé; il haïssait, d'ailleurs, les Provinces-Unies et comme République et comme refuge des calvinistes de tous pays. Il méprisait ces *gueux de mer*, qui n'avaient échappé au joug de l'Espagne qu'avec la protection de Henri IV et de Louis XIII, qu'avec les subsides et les soldats de la France. Il regardait ces marchands *grossiers* et *sauvages* comme les obligés, et presque les vassaux de sa couronne; il s'indignait de la précipitation ingrate avec laquelle ils avaient, sur la première alarme que la France leur avait inspirée, fomenté une ligue qui tendait à détruire sa prééminence politique. Dans sa pensée, nul ne pouvait imposer la paix à son royaume; son royaume pouvait l'imposer à tous ; subordonner les autres États au système politique de la France était la monarchie universelle qu'il rêvait; enfin, il devait, dans l'intérêt de notre marine naissante, punir ces rois de l'Océan, qui, mécontents des droits mis sur leurs vaisseaux à l'entrée de nos ports, venaient de prohiber les marchandises françaises. Il résolut donc de venger sa grandeur outragée, de rendre à la France sa puissance d'opinion, enfin, de porter un coup mortel à la réforme protestante, en ruinant les Provinces-Unies.

« Mes pères ont su les élever, disait-il, je saurai les détruire ! »

Cette entreprise avait un côté séduisant et même légitime; mais elle allait être le naufrage de la politique suivie par la France, depuis François Ier, et si heureusement mise en œuvre par Richelieu, Mazarin et Lyonne. On allait oublier, pendant trente ans, la question espagnole, détruire cette belle position diplomatique par laquelle la France avait le protectorat de l'Empire, tenait à sa solde l'Angleterre et annulait l'Espagne ; on allait perdre les plus beaux résultats du traité de Westphalie, se faire à jamais une ennemie de l'Allemagne, donner à la maison d'Autriche, pour alliés, tous les ennemis que nous avions faits. En un mot, le roi habile, devenu roi passionné pour servir sa vengeance, oubliant ses intérêts, allait abandonner l'alliance protestante, conservée avec tant de soins depuis cent cinquante ans, pour se faire ouvertement le représentant du principe catholique.

L'entreprise une fois résolue, son exécution fut préparée avec une profondeur et une vigilance admirables ; rien ne fut laissé au hasard ; on voulait frapper sur la Hollande un coup certain, qui ne permît plus de mettre en doute la supériorité de la France. Ce pays de boue et de brouillards, cette puissance factice qui n'avait que de l'or et de l'eau pour se défendre, ces gros vendeurs de harengs et de fromage devaient être facilement vaincus par la France belliqueuse ; mais l'on pensait que la Hollande chercherait des alliés, et la diplomatie française se mit en campagne pour l'isoler entièrement de l'Europe.

En 1672, après les victoires multipliées de nos troupes de terre, les Provinces-Unies se trouvèrent aux abois ; il ne leur restait que la Zélande. Les Hollandais étaient consternés. Les plus riches familles chargeaient déjà des vaisseaux pour s'enfuir à Batavia ; il fut même question d'y transporter la République, après avoir rendu le pays à l'Océan, en rompant ses digues. Les factions politiques, en présence de l'étranger, étaient plus violentes que jamais. Le parti aristocratique accusait Jean de Witt, le chef du gouvernement républicain, des malheurs du pays, de la nullité où il avait laissé l'armée de terre, et de son amour pour l'alliance française; il demandait à grands cris le rétablissement du stathoudérat, et, fort de ses intrigues avec les cours de Vienne et de Madrid, il voulait la guerre à outrance. Le Grand-Pensionnaire, craignant l'élévation du prince d'Orange plus que les conquêtes du roi de France, préféra une paix humiliante à la perte de la liberté, et détermina l'envoi d'une députation à Louis XIV. Le roi reçut avec hauteur les propositions faites par la Hollande. A cette nouvelle, qui laissait présager de nouveaux malheurs pour l'avenir, une révolution éclata à la fois dans toutes les villes, en faveur du prince d'Orange; le peuple força les magistrats à le nommer stathouder, et les États-Généraux se virent contraints de légitimer cette élection. Alors, et comme on n'avait plus de soldats à opposer aux Français, Guillaume d'Orange prit les mesures de défense les plus désespérées. On ouvrit les écluses et l'on perça les digues; les canaux débordèrent, toute la contrée fut inondée; Amsterdam devint comme une forteresse dans une île, et les vaisseaux de guerre trouvèrent assez d'eau pour se ranger autour d'elle. Les vainqueurs s'arrêtèrent devant tant d'obstacles imprévus, et la République fut sauvée. En même temps, le prince d'Orange garnit les places de la Hollande négligées par les Français et, entre autres, Muyden ; puis il déploya toute la profondeur et l'activité de son génie, pour soulever toute l'Europe contre l'ambition de Louis XIV ; enfin, pour détruire à jamais le parti de la paix et de l'alliance française, il excita contre Jean de Witt une violente émeute, dans laquelle l'illustre républicain périt avec son frère. Ruyter faillit avoir le même sort.

Malgré la coalition européenne, la France remportait des succès militaires ; mais elle les achetait au prix d'énormes sacrifices. Elle avait sur pied deux cent cinquante mille hommes, et il avait fallu faire des levées extraordinaires de milices, convoquer le ban et l'arrière-ban de la noblesse. Tous les impôts avaient été augmentés ; on en avait inventé de nouveaux, tels que le monopole du tabac, le papier timbré, l'enregistrement des actes, etc. On avait fait pour trois cent mille francs de créations d'offices, de ventes de domaines, et autres affaires ruineuses ; enfin, l'on fut obligé d'ouvrir des emprunts, au grand regret de Colbert, qui trouvait les ressources du crédit très dangereuses avec un roi absolu.

— « Connaissez-vous, comme moi, disait-il au président Lamoignon qui avait fait décider cette mesure, connaissez-vous l'homme à qui nous avons affaire? Vous venez d'ouvrir une plaie que nos petits-fils ne verront pas se refermer ! »

Le grand ministre voyait avec douleur l'industrie ruinée, les manufactures de luxe fermées, les Compagnies de commerce à la charge de l'État, tous ses projets avortés et le chaos revenu dans les finances ; il usait son génie à trouver les moyens de pressurer le peuple, et n'entendait que des malédictions. Toutes les classes étaient mécontentes ; le passage des troupes avait ruiné les frontières ; la noblesse refusait de venir à l'armée ; les Hollandais semaient de l'argent pour exciter des troubles. Des révoltes éclatèrent en Normandie, en Bretagne et en Guyenne ; les paysans massacrèrent les collecteurs d'impôts, pillèrent les châteaux, pendirent les seigneurs ; il y eut des rassemblements de quinze à vingt mille séditieux, qui ne furent dissipés que par des corps d'armée et à force de supplices. Les grandes villes eurent part à ces insurrections ; et les Parlements de Bordeaux et de Rouen, ayant montré quelque indulgence pour les coupables, furent dissous.

III

Effrayé de ces symptômes de révolte qui s'étendaient
de jour en jour, Louis XIV désira la paix. Un congrès
fut ouvert à Nimègue, en 1676. Les négociations commencèrent, mais le roi crut devoir en assurer le succès
par de nouveaux faits d'armes, pour prouver aux Puissances étrangères qu'il ne se sentait pas encore à b out
de ressources. Sur terre, la bataille de Cassel, la
brillante campagne de Créquy sur la Moselle et le Rhin;
sur mer, les exploits du maréchal d'Estrées à Cayenne,
à Saint-Domingue et à Tabago, apprirent aux ennemis
que la fortune de la France était toujours vivante. Mais

si l'avantage ne restait pas à la coalition, c'est que l'Angleterre lui manquait. La neutralité de l'Angleterre suffisait à la France pour résister à la moitié de l'Europe. Le stathouder Guillaume d'Orange résolut d'entraîner Charles II dans la ligue. Travaillé par ses intrigues, le Parlement anglais déclara au roi qu'il ne lui donnerait de subsides qu'à la condition de déclarer la guerre à la France. Cet acte fut signifié le 16 janvier 1678.

La coalition européenne, ainsi renforcée, devenait presque invincible. Il fallait que la France concentrât tous ses efforts sur ses frontières et se hâtât de frapper quelque coup décisif. Les nouvelles victoires de Créquy en Flandre et sur le Rhin démoralisèrent les alliés, et la paix de Nimègue fut signée en 1679. Ainsi la France sortit victorieuse d'une guerre injuste ; seule contre tous, elle avait vaincu l'Europe ; jamais sa gloire militaire n'avait été plus éclatante, et sa diplomatie venait de couronner ses armes.

L'année suivante, au mois de juillet, Louis XIV visita le port de Dunkerque. Il était accompagné du ministre de la marine, Seignelay, fils de Colbert. Pendant son séjour à Dunkerque, Seignelay reçut deux lettres de Colbert, qui l'invitaient à s'enquérir si, dans le nombre des capitaines *câpres* (ou corsaires) avantageusement cités sur les *états* de l'ancien Intendant-général de la marine, il ne pourrait pas s'en rencontrer quelques-uns qu'on pût faire entrer avec utilité au service du roi.

En tête de ces *états*, on voyait briller les noms de Jean Bart et de Gaspard Keyser, qui, après s'être échappés du service hollandais, au mois d'avril 1672, étaient venus à Dunkerque, où ils s'étaient engagés comme corsaires.

Pendant l'année 1673, Jean Bart et Keyser avaient servi comme seconds et maîtres d'équipage ; puis, bientôt appréciés à leur valeur, ils avaient chacun obtenu des armateurs le commandement d'un petit navire. Le 2 avril 1674, Jean Bart commandant la galiote *le roi David*, et Keyser l'*Alexandre*, firent leur première prise à la hauteur de la Meuse, et se rendirent maîtres de l'*Homme sauvage*, bâtiment hollandais chargé de charbon. Le 6 avril, la même galiote prit la pinasse l'*Aventure*, montée de dix canons et chargée de vins d'Espagne. Le 15 mai, elle captura un dogre, chargé de quatre mille écrevisses de mer, ou homards. Le 24 juin, elle enleva la galiote l'*Amitié*, chargée de blé. Le 25, après deux heures de chasse, elle réduisit une flûte nommée *le Saint-Pierre de Bruges*, chargée de vins de Bordeaux. Le 28, elle s'empara d'une es—

cadre de pêche. Le 27 août, Jean Bart, passé du commandement du *roi David* à celui de la frégate *la Royale*, et accompagné de l'*Alexandre*, monté par Keyser, prit, sur les côtes de Zélande, la galiote l'*Élisabeth*, chargée de bois de construction. Le 13 septembre, *la Royale* et l'*Alexandre* s'emparèrent encore, devant le Texel, d'une grande flûte nommée *le Flambeau doré*, armée de huit canons, et chargée de onze baleines. Le 24 octobre, *la Royale* enleva *le Saint-Georges*, chargé de planches de Norwége. Le roi, en son conseil, adjugea toutes ces prises au capitaine Jean Bart et à ses compagnons.

En 1675, le 23 janvier, la frégate *la Royale*, toujours conduite par Jean Bart, enleva *la Ville de Paris*, galiote chargée de grains. Le 21, elle prit un navire de guerre qui servait d'escorte à trois bâtiments marchands ; ce navire, nommé l'*Espérance*, portait dix canons et cinquante hommes d'équipage. Le 30 juin, la même frégate, naviguant de conserve avec Gaspard Keyser qui montait *le Grand Louis*, captura *les Armes de Hambourg*, chargé de poudre d'or. — Le 5 août, les deux corsaires prirent la frégate *le Lévrier*, avec un convoi de dix navires marchands. Le 23 août, le 8 et le 24 octobre suivants furent signalés par des prises non moins importantes, qui consistaient en cargaisons de soufre, cuivre et planches pour les constructions navales. Les ordres du roi en adjugèrent le produit, comme les années précédentes, à Jean Bart et à Keyser.

En 1676, à la suite d'une rude affaire qui désempara *le roi David* et *la Royale*, Jean Bart se rendit maître de la frégate *la Palme*, maniable, commode, leste à virer de bord dans un verre d'eau, comme disait naïvement le jeune corsaire. Avec cette prise, il se remit en quête d'aventures, en compagnie de l'inséparable Keyser et de quelques autres braves gens, et captura, en une seule nuit, onze bâtiments, dont une frégate. Le 7 septembre suivant, *la Palme* et l'*Alexandre* triomphèrent, à la hauteur d'Ostende, d'un vaisseau de soixante canons, nommé *le Neptune*. Le 22 novembre fut témoin de la prise de deux convois. Il serait, en vérité, trop long de cataloguer toutes les dépouilles que Jean Bart enleva encore à l'ennemi depuis cette époque jusqu'à la paix. La réputation de bravoure et les succès du jeune corsaire étaient si connus, en 1676, que Louis XIV lui accorda une chaîne d'or, simple témoignage de faveur qui excitait alors l'émulation générale des armateurs.

L'amitié de Jean Bart et de Keyser rappelait les temps

d'Oreste et de Pylade; leur union n'avait jamais failli. Toutes les fois qu'il s'agissait de réunir leurs deux corsaires pour tenter quelque hardi coup de main, Keyser, quoique âgé de cinq ans de plus que Jean Bart, recevait ses instructions, et prenait ses ordres pour la conduite de la manœuvre et du combat. Un autre fait curieux à connaître, c'est que Jean Bart, sans doute par un raisonnement puisé dans sa connaissance parfaite du caractère des matelots, croyait intéresser davantage ses compagnons au succés d'une attaque en les appelant à délibérer librement avec lui, afin qu'ils eussent à la fois plus de confiance, et en quelque sorte plus de part dans la victoire. Il discutait son plan d'attaque avec son équipage et s'en trouvait souvent bien, de son propre aveu ; mais, après avoir donné pleine carrière à tous les avis, il fallait, lorsque la délibération était close, que chacun lui prêtât l'obéissance la plus exacte et la plus absolue. Autant il s'était montré conciliant au sein de son petit conseil de guerre, autant il devenait dur, impérieux et inflexible dès qu'il s'agissait de l'exécution du plan débattu et arrêté en commun.

Le ministre Colbert, frappé du grand nombre de prises dont Jean Bart pouvait à bon droit s'enorgueillir, et reconnaissant l'influence presque magnétique qu'il exerçait sur les autres capitaines corsaires, avait conçu le projet de former une escadre de course, composée de ces bâtiments, et dont il lui réservait le commandement. Cette pensée devait porter d'heureux fruits, car le port de Dunkerque était un des plus propices à servir de centre pour ce genre de petite guerre, incessante, acharnée, qui, bien plus que les grandes expéditions, frappe au cœur les puissances attaquées, en agissant à toute heure sur leur commerce qu'elle entrave sans cesse, et qu'elle ruine peu à peu.

Le 18 septembre 1676, le sieur Hubert, Intendant de la marine à Dunkerque, recevait de la cour un Mémoire ainsi conçu : « Sa Majesté a été bien aise d'apprendre qu'un navire câpre de Dunkerque, commandé par le capitaine Jean Bart, ait pris un vaisseau de guerre de Hollande, de trente-deux pièces de canon. Comme il est important d'exciter lesdits capitaines à continuer la guerre qu'ils font aux Hollandais, le sieur Hubert trouvera ci-joint une chaîne d'or, que Sa Majesté a bien voulu accorder au capitaine Jean Bart, pour récompense de l'action qu'il a faite. Comme Sa Majesté pourrait tirer un service considérable desdits capitaines armateurs de Dunkerque, s'ils pouvaient se réunir en escadre et obéir à l'un d'entre eux pour faire la guerre aux ennemis, Sa Majesté veut que M. Hubert envoie un Mémoire exact du nombre et des noms desdits capitaines, dans lequel il doit marquer la réputation que chacun d'eux s'est acquise, les actions qu'ils ont faites depuis le commencement de la guerre, la qualité des bâtiments qu'ils montent ; et qu'il examine soigneusement si, moyennant les secours que Sa Majesté pourra leur donner, soit en leur prêtant de ses vaisseaux à armer en course sans payer le tiers, soit en leur accordant d'autres avantages, ils pourraient se réduire à obéir à l'un d'entre eux, ainsi qu'il est dit ci-dessus. Mais surtout que Sa Majesté défend à M. Hubert de confier ce qui est dit ci-dessus à qui que ce soit ; ne voulant pas que le dessein que Sa Majesté peut avoir puisse parvenir à la connaissance desdits armateurs, et désirant que ledit sieur Hubert prenne bien garde de suivre les ordres qui lui seront donnés, et de garder un secret inviolable. »

L'Intendant-général de Dunkerque remit, le 20 septembre, à Jean Bart le présent royal, et s'empressa d'adresser à Colbert l'état des capitaines câpres et des navires qu'ils commandaient, en y joignant ses observations sur chacun d'eux. Voici ce curieux document.

État des capitaines câpres de Dunkerque.

1° Le capitaine Jean Bart, âgé d'environ trente ans, fait capitaine depuis trois ans, commandant actuellement la frégate *la Palme*, armée de vingt-quatre pièces de canon, et équipée de cent cinquante hommes.

Dans sa dernière action, ledit capitaine Jean Bart a pris, lui seul encore, un convoi hollandais de trente-deux navires. Pendant qu'il était lieutenant, son capitaine rendit témoignage aux armateurs de sa conduite et de sa bravoure ; ce qui lui fit donner sa première frégate de huit pièces de canon, avec laquelle il prit un convoi hollandais de dix voiles, en compagnie du capitaine Keyser. — Avec sa seconde frégate, de vingt-quatre pièces de canon, accompagnée d'une autre de vingt pièces de canon, commandée par le même capitaine Keyser, ils prirent chacun un convoi hollandais, avec leur flotte chargée de harengs. — Les deux mêmes ensemble, avec un autre de moindre force, ont attaqué une flotte d'Angleterre pour Ostende, convoyée par trois navires de guerre. Le capitaine Bart s'attacha à celui de dix-huit pièces de canon, et le prit à la vue des deux autres convois, laissant aux capitaines câpres, de Dunkerque, la flotte entière capturée par eux.

4

2° Le capitaine Keyser, âgé de trente-cinq ans, commandant la frégate *le Grand-Louis,* armée de vingt pièces de canon, et équipée de cent cinquante hommes.

Ce qui est dit de lui ci-dessus fait connaître sa liaison avec Jean-Bart; tous deux servent ensemble, ce dernier déférant à l'autre; mais il leur faut laisser cette liberté de vivre comme ils font familièrement avec leurs équipages, conférant avec les officiers et matelots quand il faut entreprendre quelque chose; après quoi leur commandement est absolu.

3° Le capitaine Michel Small, âgé de trente-six ans, commandant une frégate neuve de dix-huit canons, de dix livres de balles chacun, équipée de cent cinquante hommes.

Il a fait plusieurs prises, et revient tout récemment encore de la mer, avec six flûtes qu'il a enlevées sous le feu des navires d'escorte. Il n'a pas moins de courage et de conduite que les deux capitaines ci-dessus nommés.

4° Le capitaine Wakrenié, âgé de cinquante ans, commandant la frégate *l'Oie,* armée de dix-huit pièces de canon, et équipée de cent quatre-vingts hommes.

Ce corsaire a fait plusieurs prises dans la pensée de trouver aussi occasion de se signaler; il n'a pas moins de courage et de génie que le capitaine Bart ; quoique charpentier de son premier métier, il est bon pilote et peut rendre des services, se croyant capable, et ayant autant de courage que les autres. On aurait peine à les accorder sur la question de préséance dans le commandement. Il y a cette différence entre eux, que Jean Bart hasarderait plus, et ménagerait moins sa personne.

5° Le capitaine Lasie, âgé de quarante-cinq ans, commandant la frégate *la Poudre-d'Or*, armée de dix-huit pièces de canon, et équipée de cent quatre-vingts hommes.

Ce capitaine a fait quantité de prises, mais n'a pas trouvé occasion de combattre ; il est, du reste, bon officier, et a été ci-devant lieutenant sur la frégate *la Mignonne*.

6° Le capitaine Soutenuic, âgé de vingt-six ans, commandant une frégate neuve de dix pièces de canon, équipée de cent hommes.

Ce capitaine a aussi fait plusieurs prises, mais sans occasion de se signaler par aucun combat digne de marque.

7° Le capitaine Delàstre, âgé de vingt-huit ans, commandant une frégate neuve de dix pièces de canon, équipée de cent hommes.

Ce corsaire, quoique chirurgien de son métier, s'est rendu habile dans la navigation par les nombreux voyages qu'il avait faits antérieurement ; il paraît avoir de l'activité et du courage.

8° Le capitaine Vermulle, âgé de quarante ans, commandant une frégate neuve, armée de douze pièces de canon, et équipée de cent hommes.

Pendant que ce corsaire montait une barque longue, il a fait plusieurs prises, la plupart assez considérables ; sa conduite et sa valeur l'ayant fait estimer, on lui a donné la frégate de douze pièces de canon, dans l'espérance d'obtenir des services plus signalés.

9° Le capitaine Gouvernasen, âgé de quarante ans, commandant une frégate de huit pièces de canon, équipée de soixante-dix hommes.

Ce capitaine, quoique brave soldat, n'a pas été aussi heureux que les autres.

10° Le capitaine Pitrebas, âgé de quarante-cinq ans, commandant la frégate *la Fortune*, armée de six pièces de canon, équipée de cinquante-neuf hommes.

Bon marinier, brave homme, très capable de rendre d'utiles services.

11° Le capitaine Yan-Yance, âgé de trente ans, commandant la frégate *le Saint-Michel*, armée de six pièces de canon, et équipée de soixante hommes.

Il n'a fait autre chose que la course sur les ennemis, et on l'estime plus courageux que rempli de conduite.

12° Le capitaine Liévens, âgé de vingt-huit ans, commandant une frégate de six pièces de canon, équipée de soixante hommes.

Mêmes renseignements que sur le précédent.

13° Le capitaine Héry, âgé de quarante-six ans, commandant la frégate *le Coq*, armée de six pièces de canon, équipée de soixante hommes.

Ce corsaire, ancien chirurgien de profession, est plus capable d'exercer ce métier que d'aller à la mer.

14° Le capitaine Charles Lanscot, âgé de quarante-six ans, commandant une barque longue, armée de six pièces de canon, équipée de cinquante-six hommes.

Ce capitaine a fait diverses prises assez importantes; il paraît courageux et homme de conduite.

15° Le capitaine Bowin, âgé de trente ans, commandant une barque longue, de six pièces de canon, équipée de cinquante hommes.

Ce corsaire est Anglais de nation, habitué à Dunkerque au commencement de la guerre, estimé habile et courageux.

16° Le capitaine Josse Contant, âgé de trente-six ans, commandant la barque longue nommée *le François de Paul*, armée de quatre pièces de canon, avec quarante hommes.

On l'estime l'un des plus courageux et des plus utiles capitaines de course; il pourrait être employé avec beaucoup de résultats dans la marine royale.

17° Le capitaine Gilletant, âgé de vingt-six ans, commandant une barque longue, armée de quatre pièces de canon, et équipée de cinquante-cinq hommes.

Aussi courageux que le précédent, mais avec moins d'expérience et d'esprit de conduite.

18° Le capitaine Hautebart, commandant une autre barque longue, armée de six pièces de canon, et équipée de cinquante-cinq hommes.

Bon pilote, et cœur courageux.

19° Le capitaine Blankemin, âgé de trente-deux ans, commandant une autre barque longue, armée de six pièces de canon, et équipée de cinquante-six hommes.

Bon marinier.

20° Le capitaine Albert Lécluze, âgé de trente-six ans, commandant une barque longue, de trois pièces de canon, avec trente hommes d'équipage.

Même observation que pour le précédent.

21° Le capitaine Baptiste Roussel, âgé de quarante-deux ans, commandant une barque longue, de quatre pièces de canon, équipée de cinquante hommes.

Même observation.

22° Le capitaine Arnauld-Yance, âgé de quarante-six ans, commandant une barque longue, de quatre pièces de canon, avec quarante hommes d'équipage.

Même observation.

23° Le capitaine Nicolas, âgé de cinquante ans, commandant une autre barque longue, de quatre pièces de canon, avec trente-neuf hommes.

Même observation.

24° Le capitaine Suanne, âgé de cinquante ans, commandant une petite corvette d'une pièce de canon, avec vingt hommes d'équipage.

Ce capitaine est anglais, habitué à Dunkerque depuis deux ans, homme estimé, courageux, et d'une conduite sans reproche.

25° Le capitaine Charles Maréchal, âgé de quarante ans, commandant une barque longue, de deux pièces de canon, avec quarante hommes d'équipage.

Estimé bon marinier.

26° Le capitaine Lombard, âgé de trente-deux ans, commandant une des barques longues de Sa Majesté, donnée en course, armée de quatre canons, et équipée de quarante hommes.

Natif de Calais, ce corsaire est expérimenté, courageux, et d'une conduite assez régulière.

A ces capitaines, en pleine activité, il faut en joindre sept, actuellement sans emploi :

1° Le capitaine Alexandre Jacobsen, âgé de quarante-cinq ans ; on l'estime malheureux : je le crois sans courage.

2° Le capitaine Gaspard Dupré, âgé de trente-six ans; homme habile et bon soldat.

3° Le capitaine Jean Pitre, âgé de trente-six ans ; pilote expérimenté, mais de peu de conduite.

4° Le capitaine Martimboure, âgé de trente-six ans ; peu estimé.

5° Le capitaine David Truelle, âgé de quarante ans, ferait un bon officier de bord.

6° Le capitaine Michel Patel, âgé de trente-huit ans, mérite la même mention favorable.

7° Le capitaine Jean Augustin, âgé de trente-six ans, n'est pas grand'chose.

Dans le nombre des hommes qui forment les équipages, il y a quantité d'officiers mariniers aussi courageux et de conduite aussi excellente qu'aucun des meilleurs capitaines ; et parce qu'ils sont connus, et que les commandants ont la pleine liberté de les choisir, ils servent avec zèle, moyennant qu'on leur fasse de bonnes conditions (1).

Il s'agissait, à l'aide de ces renseignements, d'amener les capitaines de corsaires dunkerquois à s'unir en escadres régulières pour faire la guerre. Mais il fallait reconnaître en même temps la difficulté d'en trouver assez qui consentissent à adopter ce genre de service. Dans la disposition d'esprit capricieuse où se trouvaient les armateurs, on n'avait aucun moyen de les contraindre à armer de concert tous leurs navires. Les équipages étaient peu nombreux, et ne se recrutaient que d'aventuriers qui ne se présentaient pas toujours au moment même du besoin. De plus, il se trouvait souvent tant de personnes intéressées dans l'armement d'un seul vaisseau que, la plupart du temps, l'accord ne s'établissait entre elles qu'après de longues discussions. L'intendant de la marine connaissait tous les obstacles que devait rencontrer le projet du ministère, et il crut qu'on ne pouvait espérer de les surmonter qu'à force d'adresse, en sondant les dispositions des armateurs les

(1) Bibliothèque Nationale, (Mss. — *Colbert*).

plus riches, et en excitant leur zèle par des offres de
concours de la part du gouvernement ; en leur faisant
entrevoir que le roi consentirait peut-être à leur prêter
ses frégates, et à réduire considérablement l'impôt sur
les prises. On jugeait que l'exemple des gros armateurs
séduits par les amorces de la faveur royale entraînerait
aisément les autres à solliciter les mêmes conditions, et
à se réunir en flottilles pour prêter à l'État une assistance combinée. « Il est bon d'observer, écrivait M. Hubert, que les prises qui se sont faites jusqu'ici n'ont pas
beaucoup enrichi les armateurs ; la plupart de leurs
gains sont en vaisseaux, qui leur demeurent sur les
bras ; ils ont, généralement, peu d'argent comptant pour
subvenir aux frais d'équipement des corsaires. Ainsi,
outre les frégates de la marine royale qu'on leur prête-
rait, il faudrait encore les aider d'autre manière, les intéresser assez fortement pour que l'appât du lucre les
excitât et les fît agir. Il serait bon de commencer par
l'armement de trois ou quatre navires, et d'étendre peu
à peu la mise en activité de ce nouveau service, en sorte
que les corsaires pussent s'accoutumer insensiblement
à marcher de conserve, sans découvrir le joug de la
discipline qu'on voudrait leur imposer. »

IV

Après le traité de Fontainebleau, qui termina, le
2 septembre 1678, la série des négociations commen-
cées à Nimègue, Louis XIV était parvenu à l'apogée de
sa grandeur. L'Europe était devant lui pleine de crainte ;
la France, d'admiration. Avec une monarchie où tout
se centralisait dans la personne du roi, on ne trouvait
plus d'individualités en dehors de la cour et de la capitale ; les classes de la société n'avaient plus que des sé-
parations peu marquées ; les provinces perdaient leur
influence et leur caractère ; il n'y avait plus que le
peuple et le roi. La bourgeoisie avait renoué son al-

liance avec la royauté; elle y trouvait, plus que jamais, sûreté et protection ; elle grandissait de tout l'abaissement des classes privilégiées; elle se trouvait à leur niveau. Les bourgeois enrichissaient la France par leur industrie, l'éclairaient par leurs lumières, et créaient une noblesse d'argent, une noblesse d'intelligence, qui marchait déjà de pair avec la noblesse de naissance. Ils étaient dans les intendances, dans les ambassades; ils remplissaient toutes les fonctions administratives; ils siégeaient dans les tribunaux, grandis de toute l'action que leur donnait la royauté pour faire trembler les seigneurs devant leurs arrêts; on les voyait même dans les hauts grades de l'armée. Le maréchal de Catinat était de famille roturière; une foule de lieutenants-généraux n'étaient que des officiers de fortune; et les plus braves marins, Du Quesne, Jean Bart, Duguay-Trouin, ne se glorifiaient pas d'une plus haute origine. Heureux Louis XIV, s'il ne s'était pas aliéné toute l'Europe, en désertant la ligne de nos véritables intérêts nationaux ! Mais au lieu de rentrer, après la guerre de Hollande, dans les voies de progrès intérieur, il s'exagéra les ressources du pays et, s'enivrant de ses triomphes, il ne songea plus qu'à de nouvelles guerres. Au lieu de travailler au rétablissement des finances, il rêva des conquêtes à tout prix ; au lieu de conserver, par une sage modération, la supériorité que la France devait moins à ses armes qu'à l'éclat de sa civilisation, il ne mit plus dans ses relations diplomatiques que de la morgue et de la hauteur ; il commanda, menaça, châtia ; le droit disparut devant sa volonté, et il voulut imposer sa loi aux étrangers comme à ses sujets.

De cruels désastres, terminés par l'isolement, menaçaient d'accabler la seconde moitié de son règne. Mais la splendeur du grand roi ne devait s'éteindre, comme les comètes, qu'au milieu des vives et dernières lueurs de la victoire. Du Quesne et Jean Bart allaient faire l'apothéose des gloires du xvii⁰ siècle.

Abraham du Quesne naquit à Dieppe en 1610. Il était le fils d'un pauvre « capitaine entretenu » des vaisseaux du Roi, lequel, ayant fait d'abord le négoce, était, par suite, dérogé de noblesse ; mince noblesse d'ailleurs, dont le plus jeune frère de l'illustre marin ne songea à revendiquer le privilége qu'en 1646, à l'époque de son mariage, alors que ses propres services militaires, joints à ceux de son père et à ceux de son frère aîné, parurent l'avoir relevé suffisamment à ses yeux ainsi qu'aux yeux de ses contemporains. En effet, ce fut plus tard seulement que le négoce par mer fut excepté légalement de l' « indignité » aristocratique qui frappait le commerce en général. Un pareil préjugé dépeint au mieux son époque. Mais la famille Du Quesne avait d'autres obstacles à surmonter. Le père appartenait à la Religion réformée, second motif de défaveur : toutefois, en calviniste prudent qui avait à faire sa fortune et celle de ses enfants, il évita toujours de s'immiscer dans aucune lutte religieuse. Richelieu le récompensa de cette neutralité intéressée en lui confiant le commandement du *Petit Saint-André*, patache destinée à servir d'éclaireur à la flotte que le cardinal venait d'opposer aux vaisseaux redoutés des Hollandais ; en outre, il lui permit de prendre son fils aîné Abraham en qualité de lieutenant. C'était en 1627.

Le capitaine avait voulu donner lui-même à ses trois fils les premières notions du métier auquel il les destinait ; il les éleva donc, pour ainsi dire, sur ses propres navires. Puis, comme il rêvait pour eux un véritable avenir de bien-être et de gloire, il leur fit apprendre les principes de la construction navale sous le fameux Charles Morieu, regardé fort justement comme le créateur de cet art. En même temps, il prenait soin qu'on leur donnât des notions suffisantes de Belles-Lettres et qu'on les exerçât habilement au maniement des armes.

Pour l'époque, on ne pouvait exiger davantage ; beaucoup même n'en avaient point appris autant.

En 1627, Abraham Du Quesne, alors âgé de dix-sept ans, n'en était pas à sa première navigation. D'une taille un peu au-dessus de la moyenne, blond et portant jusque sur ses épaules une longue chevelure bouclée, il avait les yeux bleus ; de ces yeux sortaient, aux heures du péril ou dans les circonstances graves, des éclairs de fierté et de force annonçant un caractère ferme et peu facile. On a remarqué, du reste, que Du Quesne, Tourville, Château-Renault et Jean Bart, — ces grands hommes de mer —, furent tous les quatre des blonds aux yeux bleus ; c'est bien là le signe des audacieuses races du Nord qui, froidement, confiantes dans leur étoile, ont affronté tous les Océans et les ont tour à tour conquis. Cette première campagne fut heureuse. Le jeune Du Quesne, ayant pris le commandement de la patache en place de son père, tombé malade, enleva d'assaut, peu de jours après, un gros navire hollandais, qu'il ramena triomphalement à Dieppe. Un brevet de « capitaine entretenu » dans la marine royale et le commandement du *Berger* récompensèrent, sur le champ, cette prouesse. Le futur lieutenant-général venait de donner sa mesure.

En 1635, il perdit son père. Peu après, on lui confiait le commandement du *Neptune*, petit vaisseau de guerre de deux cents tonneaux et de huit canons de dix, avec son frère Étienne pour lieutenant. Cette fois, on l'envoyait faire campagne sur les côtes de Provence, à l'attaque des îles Saint-Honorat et Sainte-Marguerite, que les Espagnols avaient conquises et fortifiées. L'archevêque de Bordeaux, M. de Sourdis, fut son premier amiral. Sous les ordres de ce chef renommé, qui savait délaisser vaillamment la soutane et la mitre pour le pourpoint de buffle et le chapeau à plumes, la crosse pour l'épée de combat, il concourut à la défaite et à l'incendie de la flotte ennemie. A partir de ce moment, le cardinal de Richelieu, qui suivait avec intérêt les agissements du jeune officier calviniste, se déclara son protecteur, et jamais ses bons offices ne firent défaut à Du Quesne.

En 1639, nous le retrouvons sur les côtes d'Espagne, à la prise de Laredo, en Biscaye. Le 10 juin, quelques jours après, il est blessé d'une balle de mousquet au menton, en attaquant deux gros galions espagnols réfugiés sous le canon de Santona. Il commandait le *Maquedo*, bâtiment espagnol de six cents tonneaux pris sur l'ennemi. Un des galions fut réduit à se brûler

lui-même, l'autre fut capturé. L'année suivante, Du Quesne reprenait sa croisière dans la Méditerranée. C'était alors un capitaine aux gages de mille livres, ayant acquis déjà le renom d'officier brave et de très habile marin, de plus bien vu à la Cour. Il se signala de nouveau en brûlant un vaisseau espagnol qu'on radoubait dans le golfe de Naples, sous la protection de deux batteries. Ces coups de main lui étaient devenus familiers ; ils le préparaient à de plus vastes entreprises.

L'année 1641 le revit sur les côtes d'Espagne. Là, il multiplie ses actions d'éclat. Un beau jour, il laisse son vaisseau à son lieutenant et prend le commandement d'un petit flibot chargé de vivres, qu'il fallait conduire à un des points de la côte de Catalogne occupé par les Français. Il était en route quand, le 24 mars, il rencontre quatre galères espagnoles qui avaient capturé une barque française portant des marchandises. Du Quesne se résout de la ravoir ou de périr ; il arrive sur les galères et, pour leur faire commandement de lâcher prise, ne leur parle que de la bouche de ses quatre canons de trois livres de balles chacun. Les galères y obéissent, coupent la remorque de la barque capturée par elles, la laissent au hardi capitaine, puis gagnent le large. Nous retrouvons là le corsaire de 1627. Avec son vaisseau ordinaire, Du Quesne eût, sans aucun doute, enlevé de vive force les quatre bâtiments ! Il prend, du reste, sa revanche bientôt. Dans une de ses lettres, en date du 1ᵉʳ juin 1662, il écrivait en effet : « Ès années « 1641 et 1642, moi étant aux côtes de Catalogne com- « mandant une escadre de vaisseaux et de galères, avec « ordre de prendre tous ceux qui voudraient entrer « dans Taragone, après avoir pris plusieurs barques de « Gênes, et eux étant avertis de n'y plus revenir, leurs « vaisseaux furent seulement confisqués, mais leurs « hommes furent mis aux galères du Roi ». On voit que la confiance de l'amiral-archevêque Sourdis avait su récompenser dignement son audace et ses services. Mais à quelle occasion ? Le 5 juillet 1641, trois galères espa- gnoles s'étant échouées aux embouchures de l'Èbre, devant les Alfages, après un terrible combat dans lequel onze autres galères ennemies avaient péri sous la mi- traille des canons français, Du Quesne fut mis à la tête d'une escadre composée de cinq vaisseaux, de cinq ga- lères et de quatre brûlots. La besogne était difficile, les bâtiments espagnols étant appuyés par les batteries de la côte, fort actives. Néanmoins, Du Quesne réussit ; il brûla une des galères et coula les deux autres. Toute cette affaire, extrêmement meurtrière pour l'ennemi, ne nous causa que des pertes insignifiantes.

Désormais, le jeune officier était connu, autant comme théoricien que comme homme d'action. Le marquis de Brézé, successeur de M. de Sourdis, rendit, à son tour, hommage au mérite de son subordonné et à son intré-'pidité dans les deux batailles qu'il livra peu après dans les eaux de Barcelone. Ici, toutefois, se place un incident qui doit être regardé comme l'origine d'une détermination brusque que devait bientôt prendre Du Quesne. A côté de l'escadre de vaisseaux sous ses ordres figurait une autre escadre de galères commandée par M. de Baumes. Or, la date de la commission de Du Quesne étant antérieure à celle de son collègue, le commandant des vaisseaux prétendait qu'à cause de cela les galères ne devaient point bouger sans sa permission. Dans les premiers jours du mois de février 1642, M. de Baumes, ayant reçu de M. de Vitré, qui commandait sur un des points de la côte de Catalogne, un avis l'engageant à lever l'ancre et à partir de suite, communiqua cet avis à Du Quesne, lui demandant s'il lui convenait de sortir et lui offrant de le suivre si les navires mettaient dehors ; par là il reconnaissait que, en poursuivant un but commun, s'ils parvenaient à livrer combat à l'ennemi qu'on leur signalait, les galères obéiraient au commandant des vaisseaux, doyen des deux escadres. Du Quesne ne répondit pas à cette ouverture ; ce que voyant, M. de Baumes appareilla, malgré un coup de canon en blanc par lequel Du Quesne l'avertit de ne pas le faire. Il sort néanmoins ; alors, son rival appuie sa défense de deux nouveaux coups de canon, à balles cette fois. Le fait était brutal, d'autant plus que Du Quesne avait tort, M. de Baumes exerçant un commandement indépendant du sien tant qu'un ordre du Vice-Roi de Catalogne ne réunissait pas les deux escadres sous un seul chef. Du Quesne fut blâmé officiellement. Cela ne l'empêcha point d'achever la campagne, mais il ressentit profondément l'ennui de ce désaveu, qu'il considéra comme un affront. Sur ces entrefaites, le 4 décembre, Richelieu mourut et Du Quesne, dépourvu de protecteur, resta sans emploi jusqu'à la fin de l'année 1643.

Fatigué de cette inaction, qui venait s'ajouter au froissement précédent, il sollicita et obtint de Mazarin la permission de s'engager au service de la Suède, laquelle, par un acte du 18 janvier 1644, venait de déclarer la guerre au Danemark. Il était accompagné de Jacob, son plus jeune frère, et du capitaine Pierre Banos, son ami. Le gouvernement suédois l'admit dans sa marine en qualité de capitaine de vaisseau. Il est probable que le vaillant Français prit part à la plupart des combats qui eurent lieu entre les Danois, commandés par leur roi Christian IV, et les Suédois, sous les ordres de Marten Thysen, notamment à celui du 26 mai, connu sous le nom de Ripen, à la suite duquel les deux partis s'attribuèrent réciproquement la victoire : les informations sur cette campagne sont fort discrètes. Ce qui est certain, c'est que Du Quesne dut y jouer un rôle fort honorable puisque, le 14 septembre suivant, il obtint le brevet d'Amiral-Major, correspondant au titre de Chef d'escadre en France. En cette qualité, il commandait le vaisseau *Regina*, dont la part fut glorieuse à la journée de Femeren (13 octobre), laquelle vit la défaite de la flotte danoise : Du Quesne s'empara du vaisseau-amiral ennemi, et son jeune frère se distingua de telle façon qu'il fut promu presque sur le champ capitaine de vaisseau ; plus tard même, le 27 juin 1646, Jacob Du Quesne était nommé gentilhomme de la Cour, avec droit à des fourrages pour ses chevaux et à une indemnité en argent pour ses frais de table. On voit que la faveur des deux frères était complète. Quant à Abraham, son traitement, comme Amiral-Major, était de 930 dalers par an, dont 90 en argent par mois pendant les sept mois de l'été et 60 par mois pendant les cinq mois de l'hiver. Aujourd'hui, les amiraux coûtent plus cher. Le 13 août 1645, la paix fut signée entre les parties belli- gérantes.

Malgré l'excellent accueil reçu, Du Quesne s'ennuyait en Suède. Une occasion imprévue facilita son retour. Louis XIV, ayant besoin de navires de guerre, avait expédié en Suède son ambassadeur La Thuillerie pour en acheter, lui recommandant toutefois de les faire ramener en France par un homme qui fût « intelligent et de bonne foi ». L'ambassadeur répondit : « Je ne crois « personne capable de m'en dire son avis que le nommé « Du Quesne, qui est au service de la couronne de « Suède, lequel est très intelligent en telle matière et « qui, n'ayant point d'intérêt avec le marchand et ladite « couronne avec qui il est, n'y prenant point d'intérêt, « je ne sais pourquoi il ne dirait pas franchement son « avis, puisqu'il est Français et que je ne vois pas qu'il « ait tel dégoût de la France qu'il me voulût tromper. « En tout cas, s'il lui en restait quelqu'un, j'essayerais « de les lui ôter étant en Suède, et lui promettrais « quelque chose pourvu que nous soyons bien servis de « lui ». Le 30 janvier 1646, Du Quesne se rendit en

France pour traiter cette question, précédé d'une lettre de l'ambassadeur au ministre Brienne dans laquelle il était dit: « Le sieur Du Quesne est fort brave homme, « très intelligent de son métier et très-affectionné pour « le service, ce qu'il témoigne ayant bien voulu quitter « celui de Suède, où il était très considéré, sur l'assu- « rance que je lui ai donnée qu'il serait bien traité à la « Cour ». En même temps, La Thuillerie mandait à Mazarin d'avoir à faire bon visage à « celui qu'il « tirait du service de la reine de Suède, où il était « très bien et en très bonne estime pour avoir fait « merveille dans le dernier combat, dont il se peut « dire, sans faire tort aux Amiraux, qu'il était le di- « recteur ». L'éloge était complet, et on en tint compte à Paris. A son arrivée, Mazarin lui fit comp- ter mille livres comme indemnité de séjour ; puis, le 28 janvier 1647, l'achat des vaisseaux étant réglé, Du Quesne fut nommé Chef d'escadre. C'était la pre- mière fois qu'un tel honneur était cédé par les grands seigneurs du royaume à un protestant et à un homme d'extraction aussi modeste : mais il fallut bien obéir aux ordres royaux et s'incliner devant le vrai mérite.

C'est sous les ordres du jeune duc de Richelieu que Du Quesne allait combattre devant Naples, où il s'agissait de maintenir le duc de Guise, que les Napolitains avaient, en aussi peu de temps que l'on sait, tour à tour acclamé, couronné et trahi. Le 18 décembre, la flotte française réussit à brûler cinq vaisseaux espagnols, mouillés à Castellamare, puis, le 22 suivant, à couler trois autres gros bâtiments de l'*Armada*. Du Quesne se conduisit dans ces deux affaires de façon à mériter une lettre élogieuse de Mazarin, fort avare de louanges comme du reste. Mais, somme toute, l'expédition avait manqué, le duc de Guise ayant dû abandonner Naples. Du Quesne revint à Toulon, pour y réorganiser les navires de son commandement. Mais, là encore, son caractère peu accommodant lui valut un nouveau conflit de prééminence avec le chevalier Jean Garnier, autre Chef d'escadre plus ancien de grade que lui ; pour la seconde fois, ses supérieurs lui donnèrent tort. Mais Mazarin ne lui en sut pas mauvais gré pour cela, d'autant plus que son protégé prit grand soin de ne pas se mêler aux troubles de la Fronde : Du Quesne avait d'ailleurs assez de bon sens pour juger que la guerre contre la Cour, si habiles et si ardents que fussent les ennemis de la Régente, ne pouvait durer longtemps et que le cardinal-ministre sortirait vainqueur de cette lutte ; il resta donc fidèle à ses serments. Ni Mazarin ni Anne d'Autriche n'oublièrent cette attitude. C'est ainsi que, au mois de décembre 1649, il fut adjoint au comte du Daugnon pour aller réprimer une première sédition à Bordeaux. De retour à Dieppe, où il devait escorter les convois de blé à destination de Dunkerque, il réussit à empêcher la duchesse de Longueville à fuir par mer : la Cour l'en récompensa, l'année suivante, en l'envoyant de nouveau à Bordeaux, où d'autres troubles venaient d'éclater. La caisse royale étant vide, raconte Moréri, Du Quesne arma cinq vaisseaux à ses frais pour secourir l'armée qui bloquait la place et fermer le port aux bâtiments frondeurs expédiés pour le ravitailler. Vers l'embouchure de la Gironde, il rencontra une flotte anglaise, dont le commandant le somma d'amener pavillon. « Le « pavillon français, répondit l'intrépide marin, ne sera « jamais déshonoré tant qu'il sera sous ma garde ; le « canon en décidera ! » Un combat meurtrier s'ensuivit, où il fut blessé ; mais les Anglais, quoique très supérieurs en nombre, se virent forcés de lui livrer passage. Il trompa la flotte espagnole, qui louvoyait non loin de là, lui empêcha l'entrée du fleuve et contribua par ses savantes manœuvres à la capitulation de la ville rebelle. La régente Anne d'Autriche, pour récompenser un pareil service, lui fit don de l'île et du château d'Indret, près de Nantes. L'année suivante, Du Quesne épousa Gabrielle de Bernières et, peu après, acheta la terre de Moros, aux environs de Concarneau, en Bretagne.

Le traité d'Aix-la-Chapelle ayant, pour quelque temps, rendu la paix à l'Europe, il en profita pour accroître ses connaissances théoriques, se livrant à des expériences multiples dans nos différents ports militaires. Par malheur, les aspérités de son caractère s'accusaient de plus en plus. Il eut encore avec Colbert deux discussions fort vives relativement au guidon de Vice-Amiral qu'il prétendait être en droit de hisser au mât de son vaisseau, alors que le ministre de la Marine ne lui accordait, avec raison, que le pavillon de Contre-Amiral. « M. Du Quesne est arrogant, opiniâtre, diffi- « cile à régler », écrivait en 1662 son supérieur hié- rarchique, M. de La Guette. Et l'intendant de Toulon ajoutait : « Comme cet homme-là est épineux et difficile « à persuader ! » Avec cela fort avare, défaut qu'il de- vait sans doute à sa lointaine origine israélite. On écri- vait en effet, à la même date, au ministre Colbert au sujet de dépenses exagérées bruyamment exigées par lui : « Ce M. Du Quesne est un Janséniste dans la Ma- « rine à force d'être habile » ; propos significatif pour l'époque. Tout cela s'explique quand on lit la correspondance officielle de La Guette, dans laquelle se rencontre l'annotation suivante : « Il est tellement intéressé « que cela est inexprimable ». En fait, on le voit à diverses reprises accusé de spéculer sur ses chargements et fournitures, souvent en retard pour solder les arriérés de son effectif, toujours frondant et réclamant, ayant grand soin d'exiger sa part lucrative de ses prises, au besoin acceptant des constitutions de rente de la libéralité d'amis sans héritiers directs, bref s'arrondissant en bon Normand qu'il était : à ce point qu'on l'avait surnommé « le marchand », d'autant mieux qu'il avait installé soigneusement sur divers gardes-côtes de la haute Normandie des gérants responsables devers lui des captures accomplies. Du reste, sa femme le secondait à merveille sur ce délicat sujet, procédurant et plaidant au mieux pendant ses absences. Ce sont là, véritablement, des ombres pénibles; mais on ne saurait les dissimuler, la gloire éclatante de Du Quesne devant lui faire pardonner amplement aux yeux de la postérité reconnaissante ces petitesses par trop intéressées. Son patriotisme, d'ailleurs, n'en souffrit point. Toutes les fois que l'honneur de la France l'en requit, Du Quesne fut au premier rang là où le canon grondait.

Bientôt vint l'heure où la Hollande opposa, à son tour, à nos plus glorieux marins de redoutables rivaux, les Bankert, les Gallen, les Tromp, les Ruyter, qu'il fallait vaincre à tout prix. Du Quesne partagea cette illustre fortune avec les amiraux français auxquels il fut alors adjoint. Ce fut une lutte héroïque, où les vaincus n'acquirent pas moins de renom que les vainqueurs. Après une courte disgrâce, que son humeur processive lui avait quelque peu méritée, mais qui lui valut de ne point partager la campagne du comte d'Estrées dans la Manche, il fut désigé pour servir en qualité de Lieutenant-Général dans les mers de Sicile sous les ordres du duc de Vivonne. C'était au mois de janvier 1675. Cette fois, Vice-Amiral, il commandait en chef les escadres ! Tous ses vœux étaient, enfin, comblés. Le 10, à la tête de trente vaisseaux de ligne, il joint les flottes d'Espagne et de Hollande, dirigées l'une et l'autre par l'infatigable Ruyter, les attaque en vue de Stromboli et, après un combat terrible où lui-même a enlevé un vaisseau de quarante-quatre pièces, les met en déroute complète. Vainqueur du plus grand homme de mer de l'époque, Du Quesne sut alors résister à une tentation à laquelle tant d'autres eussent succombé : il aima mieux secourir utilement Messine et le duc de Vivonne que de

risquer inutilement sa gloire en poursuivant l'anéantis-
sement probable de son rival malheureux. Cette occasion ne fut, du reste, que différée. En attendant, le roi
le récompensa par une pension de 3,000 livres et par
une commission de capitaine de vaisseau octroyée à son
fils Henri, qui n'avait alors que vingt-quatre ans. Du
Quesne répondit à cette double faveur par la prise d'A-
gosta, le 17 août.

Le 7 janvier 1676, les deux redoutables adversaires
se retrouvaient en présence. Quelques jours auparavant
Ruyter, rencontrant un capitaine anglais près de Me-
lazzo, lui avait dit : « J'attends ici le brave Du Quesne ! »
Le choc eut lieu à l'ouest de Salini, non loin des îles
Alicuri et Filicuri; la flotte hispano-néerlandaise eut
encore le désavantage : mais le résultat se trouva amoin-
dri pour les Français par suite de la mollesse incom-
préhensible de différents officiers contre lesquels Du
Quesne dut sévir après l'action. Cette victoire lui permit d'opérer sa jonction avec l'escadre de M. d'Alméras,
que Ruyter avait mission d'empêcher. Au reste, ce dernier n'hésita point à déclarer, dans le Rapport qu'il
adressa à son gouvernement, que « les Français avaient
fait des merveilles » et que ce combat avait été le plus
« opiniâtre qu'aucun où il se fût trouvé de sa vie ». Un

pareil témoignage, qu'on eut le triste courage de discuter en France, se passe de commentaires. L'amiral français avait été blessé, n'ayant point coutume de se ménager dans le danger ; mais il se rétablit assez promptement pour se retrouver en présence de l'ennemi devant
Syracuse, le 22 avril suivant. M. de Vivonne, de nouveau bloqué dans Messine, avait cédé forcément le commandement en chef de l'armée entière à Du Quesne. La
victoire lui demeura encore fidèle, et Ruyter, frappé
d'un boulet pendant sa retraite, expira peu après. A
quelques jours de là, un vaisseau hollandais étant
tombé en son pouvoir, il apprit que ce bâtiment transportait le cœur de Ruyter en Hollande. Alors, il se rendit à bord, salua les restes de son illustre rival, puis,
se tournant vers le capitaine : « Poursuivez votre route,
« lui dit il, votre mission est trop respectable pour
« qu'on vous arrête ». Libre alors de sortir de Messine,
le duc de Vivonne, son supérieur hiérarchique, voulut
prendre part, lui aussi, à la gloire de son subordonné.
Ils découvrirent une nouvelle flotte ennemie dans la
baie de Palerme, à l'abri des forts et des rédoutes, l'attaquèrent le 2 juin et la détruisirent. La mer et la plage
furent couvertes de débris et de cadavres. A cette occasion, Colbert écrivit à Du Quesne la lettre la plus flat

teuse. Dès ce moment, la marine française fut, jusqu'à la bataille de la Hogue, la première de l'Europe.

Le vainqueur de Ruyter alla rendre compte de ses opérations à la cour de Versailles. Mais Louis XIV ne se trouva plus à la hauteur d'un homme qui lui avait acquis tant de gloire ; il se souvint que le grand capitaine était calviniste, lui exprima son regret de ne pouvoir le faire Maréchal de France, et eut l'air de l'engager à lui en donner le moyen par son abjuration. « Sire, « répondit Du Quesne, quand j'ai combattu pour Votre « Majesté, je n'ai pas examiné si elle était d'une autre « religion que moi ». Le roi prit sa revanche d'une autre façon. Au mois d'août 1681, Du Quesne ayant acheté de la marquise de Clérembault la baronie du Bouchet, près d'Étampes, au prix de 274,000 livres, Louis XIV, à cette occasion, le gratifia de 200,000 livres et érigea sa terre en marquisat, mais à la condition que ni lui ni ses descendants ne pourraient à l'avenir faire dans leur seigneurie aucun exercice public du culte calviniste. Peu après, le monarque augmenta encore cette dotation d'une somme de 100,000 livres ; enfin, il lui accorda le droit de haute, basse et moyenne justice pour sa terre de Moros, mais avec les mêmes restrictions. Du Quesne accepta le tout, au moment où les enfants du républicain Ruyter renvoyaient au roi d'Espagne le titre de duc, arrivé seulement après la mort de leur père. Mais Du Quesne avait aussi ses qualités. Appelé à un Conseil par le ministre Seignelay pour exposer ses vues sur les constructions navales, il eut la modestie et la bonne foi de reconnaître qu'un jeune géomètre, nommé Renau d'Eliçagaray, avait présenté de meilleurs plans que les siens; il applaudit le premier aux vues de ce jeune homme, qui venait en outre d'inventer les mortiers à bombes, abandonna ses propres devis et fit adopter ceux de son concurrent: même il voulut que l'un de ses fils accompagnât Tourville à Brest pour veiller à l'exécution des plans de Renau. Ce désintéressement méritait qu'on le signalât.

Tel était l'homme que nous allons voir combattre aux côtés de Jean Bart; natures bien distinctes, mais également grandioses, également patriotes.

Au mois de mars 1682, Du Quesne fut appelé à Versailles par Colbert, qui voulait purger le commerce de la Méditerranée des pirates barbaresques qui l'insultaient de toute part. L'année précédente, Jean Bart, qui venait d'être nommé capitaine de frégate, était parti de Dunkerque, le 17 avril, pour aller donner la chasse aux pirates marocains. Le succès de cette course avait inspiré le dessein d'une expédition contre Alger. Du Quesne fut chargé d'émettre son avis sur les chances de réussite d'une pareille entreprise, qui avait lassé les efforts des autres Puissances européennes. Il se mit au travail avec le zèle d'un homme qui pressent de glorieuses destinées, et, en peu de jours, il porta sous les yeux du ministre un plan d'attaque d'Alger, de débarquement et d'incendie de la flotte barbaresque.

« Les nuits qui précéderont l'attaque du môle d'Alger, écrivait l'illustre marin, il faudra qu'à la faveur des coups de canon des galères quatre chaloupes s'approchent des murailles, à force de grenades, afin d'en chasser les ennemis. Cela réitéré pendant quatre nuits les rebutera peut-être de s'y rendre pour la cinquième, qui doit être celle de la véritable attaque, à laquelle je me disposerai de la manière suivante, sans préjudice de ce qui pourra être résolu de mieux dans le conseil de guerre qui sera tenu auparavant.

« Je partagerai sept cents hommes en trente-cinq chaloupes, et en moins, s'il est possible ; car il est nécessaire d'en avoir toujours de réserve pour remplacer celles qui pourront être coulées à fond, et particulièrement pour servir à la retraite, en cas d'échec.

« Les chaloupes n'étant pas régulièrement grandes,

c'est ce qui fera que dans les unes il y aura plus de monde que dans les autres, de sorte que ce détail ne peut se régler que sur les lieux. Le plus grand nombre de chaloupes sera toujours de mon attaque, puisque j'aurai plus de gens que la réserve.

« Après que le môle aura été bien reconnu, l'on décidera les endroits où il faudra faire les trois attaques ; mais par avance j'assurerai que si la tour du fanal se peut escalader, il faut absolument y faire une attaque ; je m'en expliquerai plus au long.

« Pour en revenir à la suite de mon discours, je dirai que chaque chaloupe et chaque homme sera muni de tout ce qui peut être nécessaire pour cette action. Des officiers seront nommés pour demeurer dans les chaloupes, tandis que nos troupes seront aux mains avec les ennemis. Des gens aussi seront destinés dans chacune des chaloupes pour le service des échelles d'assaut. L'état en sera fait nom par nom, aussi bien que l'ordre de la marche des chaloupes et de la descente des troupes ; le tout écrit et signé de moi, et délivré aux principaux officiers de chaque attaque.

« Le signal pour faire partir les chaloupes sera fait par des fusées dont on conviendra, afin que tout marche à la fois et dans l'ordre prescrit. Ce sera une leçon si souvent répétée qu'il sera impossible que chacun n'exécute pas bien ce qu'il sera chargé de faire. Nous conviendrons, M. de Berthomas et moi, des signaux qu'il sera nécessaire d'avoir entre nous, et du temps que les galères et les chaloupes marcheront; car il faut que son attaque et les nôtres se fassent toutes à la fois, que l'opération soit conduite avec ensemble et une grande intelligence de part et d'autre.

« Il faudra, néanmoins, examiner si nos attaques se pourront faire dans le même temps que l'on mettra le feu à la barque qui sera conduite à la chaîne. Il y a lieu de croire que le désordre que l'on attend de ce brûlot nous pourra autant nuire qu'aux ennemis, puisque dans ce même temps-là nous serons mêlés parmi eux. C'est à M. Landouillet à expliquer ce qu'il en pense.

« Je continuerai en disant que, lorsque la nuit sera choisie pour l'entreprise, et que mes seize galères auront canonné environ deux heures au plus, car il nous en faut trois de nuit pour l'action, j'enverrai donner avis au chevalier de Berthomas qu'il est temps de marcher avec ses huit galères. Lorsqu'il aura reçu cet avis, il sera encore fort utile que, dans ce même moment, quatre autres galères s'en aillent sur la droite de la ville, que je ferai remarquer, et qu'elles y fassent une fausse attaque en continuant de canonner.

« Je marcherai à la tête de ma division, dans un petit canot ; chaque commandant en fera de même, à telle fin de mieux reconnaître le terrain avant que toutes les chaloupes y abordent, et pour être aussi plus dégagé quand il faudra surveiller le débarquement.

« L'ordre général sera que les grenadiers débarqueront les premiers, et, pour cet effet, ce seront eux qu'on placera sur la proue des chaloupes ; en débarquant, ils courront au pied des murailles et de là jetteront des grenades pour en chasser les ennemis. A la faveur de ce feu, un officier dans chaque chaloupe sera chargé, avec des gens destinés pour cela, de mettre à terre des échelles et de les dresser contre la muraille ; ensuite, les grenadiers qui seront les plus près, mêlés d'officiers, monteront les premiers à l'assaut ; et ainsi du reste.

« Les cent matelots désignés pour porter les feux d'artifice seront partagés dans chaque attaque ; mais une seule chaloupe les portera, dans chaque division. Un capitaine et un lieutenant seront à la tête de chacune de ces troupes, afin que ces feux d'artifice ne soient pas employés mal à propos ; ils conduiront lesdits matelots, lorsque celui qui commandera le jugera à propos, à l'endroit des vaisseaux, ou à la nage, ou selon quelques autres moyens que la fortune fournira. On aura aussi des feux d'artifice que l'on pourra jeter à la main, de dessus le môle, dans les vaisseaux ennemis. Du moins faudra-t-il essayer ce moyen d'incendie.

« La colonne qui aura le plus tôt gagné le haut des murailles ne songera point au dessein de brûler les vaisseaux, qu'elle n'ait auparavant donné facilité à la plus prochaine de monter de son côté et de se joindre à elle. Alors, après avoir poussé les ennemis, les troupes des deux attaques ne perdront point de temps pour exécuter l'ordre de lancer les feux d'artifice dans les vaisseaux, et elles auront soin de garnir leurs ailes de quelques pelotons de pied ferme qui les maintiendront dans leurs positions.

« Je crois même qu'avant de songer à brûler les vaisseaux barbaresques, la première chose qu'il faudra faire sera de se rendre maître du fort Baba-Hassan, qui est sur le môle et qui est fermé ; c'est l'opération la plus importante, parce qu'il couvre et protége tout le flanc du môle, dont la place ne serait pas tenable tant que les Algériens auraient ce fort en leur pouvoir. Ce sera donc une seconde escalade à effectuer, puisque c'est un second retranchement.

« Si la tour du fanal est insultable, rien ne saurait assurer davantage le succès de notre action ; et si la fortune voulait que l'on s'en rendît les maîtres, l'on pourrait la garder quelques jours, à moins qu'elle ne fût par trop commandée des batteries de la ville. Mais il faudra toujours se munir, à tout événement, de tout ce qui sera nécessaire pour s'y maintenir.

« Les grenadiers ne pourront porter, au plus, que six grenades chacun, à cause de la trop grande pesanteur de ces projectiles ; et, du bas des murailles, il ne leur sera permis d'en lancer que trois, au plus, chacun, afin qu'il leur en reste encore autant lorsqu'ils seront sur le môle, en cas qu'il soit nécessaire de débusquer les en-nemis de quelque autre poste. Il leur sera, en outre, re-commandé de ne faire usage de leurs fusils qu'à la der-nière extrémité.

« Le mot de rembarquement sera : *Marche à moi, Marseille ;* et défense, sur peine de la vie, de prononcer le mot *rembarque,* parce que toujours il fait prendre aux troupes une terreur panique et donne de la har-diesse aux ennemis pour charger à la faveur du dé-sordre. La raison qui me fait exclure entièrement le mot *rembarque,* c'est qu'il est connu de toutes les nations. »

Ce plan d'attaque eût peut-être réussi complétement, si d'affreuses tempêtes n'avaient contraint Du Quesne à remettre à la voile pour s'éloigner des côtes barbaresques. Une nouvelle invention, celle des galiotes à bombes, devait donner à l'expédition des moyens foudroyants : le ciel seul put empêcher la ruine d'Alger, pour en réserver la conquête aux Français du XIXe siècle.

Du Quesne partit de Toulon le 12 juillet, à la tête de onze vaisseaux et de cinq galiotes. Les vaisseaux étaient *le Saint-Esprit*, *l'Aimable*, *le Cheval marin*, *l'Assuré*, *le Vigilant*, *le Vaillant*, *le Prudent*, *le Laurier*, *l'Indien*, *l'Étoile* et *l'Éole*. Les galiotes se nommaient *la Menaçante*, *la Cruelle*, *la Bombarde*, *la Foudroyante* et *la Brûlante*.

Le 18, après une traversée assez favorable, il rallia, près des îles Baléares, quinze galères, commandées par le duc de Mortemart, qui devait servir sous ses ordres. C'étaient *la Syrène*, *la Madame*, *l'Amazone*, *la Hardie*, *la Réale*, *la Valeur*, *la Fière*, *la Patrone*, *l'Invincible*, *la Couronne*, *le Saint-Louis*, *la Forte*, *la Fleur de lis*, *la Reine* et *la Grande*.

Il mouilla, le 23, devant Alger. Comptant sur le calme qui règne ordinairement à cette époque de l'année, il donna ses instructions pour l'ordre de bataille. Les galères devaient remorquer les vaisseaux et les galiotes à demi-portée de canon du côté du nord de la ville. La plupart devaient se ranger sur une ligne au nord-est, et le reste le long de la terre, pour battre le fort de Bab-el-Oued et celui des Anglais, pendant que les premiers battraient en ruine la ville d'Alger.

Le 13 août, la flotte se mit en mouvement; mais après quelques bordées, il s'éleva tout-à-coup une première tempête, si violente, que les vaisseaux purent à grand'peine regagner le large; et le 15, comme les galères manquaient d'eau douce, Du Quesne fut obligé de les renvoyer en France et resta seul avec ses onze vaisseaux et ses galiotes à bombes.

Le 20 août, le temps s'étant remis au beau, il assembla un conseil de guerre dans lequel fut résolu le stratagème suivant: tous les vaisseaux eurent ordre d'appareiller et de suivre Du Quesne. On passa de la sorte, en ligne de bataille, devant les forts d'Alger pour essayer la portée de leur artillerie. La ville tira plus de cent coups, sans produire aucun effet, bien qu'il fît un grand calme et que les vaisseaux français ne défilassent que très lentement; deux seulement furent atteints, l'*Assuré* et le *Saint-Esprit*, que montait Du Quesne. L'amiral ordonna aussitôt de mouiller en croissant autour du môle, sous la vollée de son canon, et, la nuit suivante, on accrocha les cinq galiotes avec des chaînes assez longues pour qu'elles pussent s'embosser à portée de pistolet des murailles. Le feu s'ouvrit alors, mais cette portée était encore trop longue pour assurer l'effet des galiotes à bombes. Les deux jours suivants furent donc employés à les rapprocher; les trois premières prirent position à l'est du port, et les deux autres au nord-est, sous le feu le plus vif de l'ennemi.

Le 30, le bombardement commença. Le désordre et l'épouvante régnèrent bientôt dans toute la ville. Quelques esclaves, qui s'étaient sauvés à la nage, furent recueillis à bord des vaisseaux français. Ils racontèrent que les bombes avaient renversé quantité de maisons, et écrasé plus de deux cents personnes sous les débris de la grande mosquée, qui s'était écroulée; que la plupart des Algériens s'étaient réfugiés dans les montagnes voisines; qu'il s'était formé plusieurs partis dans la place; que le plus nombreux demandait la paix à grands cris, pour échapper à une destruction totale; mais que le dey Baba-Hassan était parvenu à apaissr le peuple, en promettant de faire enlever les galiotes françaises; et que, pour exécuter ce coup de main, une douzaine de petits navires bien armés se préparaient à faire une sortie à la faveur de la nuit prochaine.

En effet, dans la nuit du 3 au 4 septembre, cette sortie eut lieu. Une galère algérienne arriva droit sur *la Cruelle*, et lui lâcha sa volée de mitraille à bout portant; mais *la Cruelle* se défendit avec tant de vigueur que la galère algérienne l'abandonna pour tomber sur *la Menaçante*, dont le feu soutenu l'obligea de virer de bord et de regagner le port. Ce petit engagement dégoûta les Algériens de leur projet, et les galiotes continuèrent à jeter des bombes pendant toute la nuit.

Le dey ouvrit alors des négociations qui traînèrent en longueur; et, dans la nuit du 7 au 8, les vents s'étant soulevés de nouveau, Du Quesne craignit une tempête qui, à l'époque de l'équinoxe, pouvait être fatale à sa flotte; il se retira, laissant devant le port une simple croisière pour inquiéter l'ennemi, en attendant que la saison lui permît de revenir pour achever son œuvre.

A son retour, il se rendit à Versailles, où Louis XIV le reçut froidement; ce roi orgueilleux n'avait pas encore appris à reculer devant la fortune. Cependant, Du Quesne, fort du témoignage de sa conscience, ne se découragea point, et remit au ministère le Mémoire que nous allons rapporter, et qui indiquait les moyens de terminer la guerre avec Alger dans une prochaine campagne.

« Si les corsaires d'Alger, qui sont présentement en mer, prennent le parti de ne pas rentrer dans leurs ports avant que leur paix ne soit faite avec la France, pour éviter d'être capturés ou détruits; s'il arrive que les Algériens, privés de leur marine, se décident à subir un second bombardement, sauf à relever ensuite leur ville de ses débris, je ne vois pas, disait Du Quesne, d'expédient plus sûr pour paralyser leurs projets à venir et mettre un terme à leurs déprédations que de tenter, dans la saison favorable, de boucher l'entrée du port d'Alger avec des vaisseaux dont le lest, composé de pierres plus grosses qu'à l'ordinaire, sera en outre cimenté.

« Il faudra que ces vaisseaux soient conduits à la voile, par un vent fort régulier, contre l'estacade qui est à l'entrée du port; et, pour les faire servir à plus d'un usage, il faudra disposer l'entre-deux des ponts comme celui des brûlots, et y joindre encore d'autres machines que la poudre fera sauter et crever ensuite dans le lieu où elles tomberont; ce qui produira sans doute un très grand désordre, soit dans la ville et dans le port, soit dans les batteries du môle où sont les plus gros canons de l'ennemi. Et, pour l'exécution de cette entreprise, qui sera tenue secrète, l'on choisira cinq vaisseaux du port de Toulon, entièrement hors de service pour la guerre, et l'on prendra le prétexte, en cimentant le lest, que c'est pour les couler bas et faire la jetée des écueils de Port-Vendre ; et, quoique ces vaisseaux ne soient pas suffisants pour boucher l'entrée du port d'Alger, quand même ils y seraient disposés à souhait, cependant l'on ne doute pas que les Algériens ne voient l'entreprise possible quand on voudra la pousser à bout.

« Il est important de remarquer que, tant qu'on laissera aux corsaires d'Alger la liberté de sortir pendant l'automne et l'hiver, ils incommoderont fort le commerce, parce que ce sont les six mois de l'année auxquels il est le plus fréquent ; et qu'alors il n'y a point de galères en mer, et qu'il n'y a eu, jusqu'à présent, que très peu de vaisseaux en état de faire la chasse aux écumeurs. C'est pourquoi il est nécessaire que Sa Majesté ordonne que l'on bâtisse trois vaisseaux à Toulon ; le premier de cent quarante-deux pieds de long, semblable au *Saint-Esprit,* un autre de cent trente-deux, et le troisième de cent vingt-deux ; et que le premier soit achevé avant le mois de septembre prochain, afin de pouvoir aller en mer l'hiver, si le service du roi le demande.

« Si l'on se décide à faire une forte guerre auxdits corsaires et à la ville d'Alger, et si l'on veut obtenir les résultats d'une campagne à jamais décisive, il est nécessaire d'armer quinze bons vaisseaux de guerre, choisis en Levant et en Ponant, les moindres de quarante canons et de trois cents hommes d'équigage ; plus, deux frégates légères, deux brûlots et trois barques de guerre. De ces frégates légères, il y en a une à Toulon, et l'autre pourrait être celle qu'a faite M. Blaise, le charpentier napolitain, à Brest, dont il sera bon de faire l'essai.

« Tous les quinze vaisseaux et autres bâtiments doivent être absolument et uniquement destinés pour cette guerre, et ne doivent être divertis à aucun autre service, quel qu'il puisse être ; autrement, il serait de toute impossibilité de terminer cette entreprise avec succès, par la raison que, pour réussir, il faut que tous ces vaisseaux soient portés et distribués selon les occurrences, lesquelles ne se peuvent bien prévoir que dans le temps où l'on est sur les lieux. Car il est quelquefois de conséquence de ne pas perdre certaines occasions qui, le plus souvent, ne sauraient plus se recouvrer, et nous en avons eu un exemple dans cette dernière campagne de 1682, où, si les quinze vaisseaux et autres bâtiments qui avaient été premièrement destinés par les ordres du roi à se joindre devant Alger s'y fussent en effet trouvés vers la fin du mois de novembre, on les aurait postés, en sorte que les vaisseaux corsaires qui étaient dans ce port n'auraient pas entrepris de sortir ainsi qu'ils ont fait, ne voyant à leur rade ni sur la croisière de leurs plus proches caps que quatre vaisseaux ; le cinquième était allé faire du bois et de l'eau aux îles de Formentera.

« Il est de la dernière nécessité d'avoir un port qui soit près de la côte d'Alger, comme celui de Yvice ou de Minorque ; ce premier étant plus près d'Alger, on doit s'en servir préférablement, et de l'autre dans le besoin, lorsqu'on sera forcé de se procurer des rafraîchissements.

« Il faut prendre ses mesures en sorte que les vaisseaux de guerre qui partiront de Toulon avec le commandant de l'expédition n'embarquent que pour quatre mois de vivres, et qu'il y ait à sa suite trois flûtes, dont la plus grande chargera les victuailles des vaisseaux qui auront passé l'hiver à la mer. Une autre portera tout ce qui est nécessaire au carénage ; et ce sera celle qui a déjà été disposée pour cela par le capitaine Baissier,

Faisant voile vers Alger.

premier maître-d'équipage, qui doit la commander. Celle-ci demeurera avec la première dans le port d'Y-vice, où sera le rendez-vous général de tous les vais-seaux et autres bâtiments venant de Toulon, et de ceux de la mer qui auront besoin de vivres ou de réparations. La troisième flûte sera celle que l'on appelle *la bien chargée;* elle servira à la suite de l'escadre où sera le commandant, pour porter une partie de son rechange, et même celui que l'on porte à la suite d'une flotte pour faire une expédition à une côte ennemie. Il faudra aussi qu'elle porte une grande partie des cordages et ancres pour *touer* les galiotes, afin de n'en point embarrasser les vaisseaux de guerre ; car il est fort essentiel de les maintenir dégagés de tout ce qui pourrait nuire à leur légèreté ou à leur manœuvre de combat.

« Et, à ce propos, je ne saurais me dispenser d'ajou-ter qu'il importe extrêmement au besoin du service que, pendant la guerre contre les Corsaires, l'on n'em-barque aucun garde de la marine ni volontaire, attendu qu'il leur faut à tous des lits, des tables et des siéges, ce qui occupe beaucoup de place et cause infiniment d'embarras. De plus, ces Messieurs font une grande dissipation d'eau et de rafraîchissements, parce qu'ils sont souvent atteints du mal de mer. Dans une autre guerre, où les ennemis nous attendent ou viennent à nous, et où il n'est pas besoin de courir après, on peut alors sans conséquence les embarquer tout à leur aise.

« On est convenu à Toulon de ce qu'il y aurait à faire aux galiotes afin de disposer les mortiers à bombes sur leur plate-forme, pour tirer droit en avant. L'appareil nécessaire s'ajustera facilement, selon que le commissaire bombardier le demande. Il a été résolu aussi d'y faire un pont léger qui se démontera dans l'occasion, et qui ne servira seulement que dans la navigation, afin de les garantir de la mer et prévenir l'inconvénient qui pensa arriver l'année passée dans la Manche. On leur doit mettre aussi un mât devant avec une voile latine, qui se démonterait de même.

« A l'égard des deux galiotes neuves que l'on doit construire, on prendra garde de ne point tomber dans le défaut qui s'est trouvé dans les autres ; il sera nécessaire qu'elles soient bien fournies d'ancres et de câbles, savoir : chacune de six câbles, de quatre grosses ancres, et d'une à touer. Et comme il y a augmentation de galiotes, il faut aussi augmenter le nombre des bombes, et ne point tant compter sur celles que l'on a rapportées de devant Alger parce qu'il s'en est trouvé beaucoup de défectueuses. Ce serait un grand mal s'il arrivait que l'on manquât, après tant de précautions et de dépenses.

« Il faudra aussi donner ordre pour soixante-quinze milliers de poudre neuve à mousquet, de la plus fine, afin que les bombes ne manquent point leurs coups, comme il est arrivé à plusieurs qui n'ont pas crevé.

« Il faudra faire exprès huit bonnes chaloupes, et les garnir de mâts, de voiles et rames, pour servir à touer les galiotes, et pour tout autre service, aux jours d'occasion.

« Les officiers de ces galiotes se plaignent que leurs équipages étaient trop faibles. Ils demandent au moins trente bons matelots, sans y comprendre les officiers-mariniers, et point de soldats sur leur état. Les vaisseaux de guerre leur en fourniront dans le besoin. Il sera nécessaire aussi qu'on ne leur embarque à Toulon que pour quatre mois de vivres, et que le surplus soit sur les flûtes qui viendront ensuite au rendez-vous.

« Je crois qu'il suffira, pour cette expédition, d'avoir dix galères destinées pour la rade d'Alger, pourvu qu'elles soient bien choisies, et bien armées de chiourme, et équipées de fer. Il faudra qu'elles aient aussi une flûte ou autre bâtiment pour embarquer leurs mâts, antennes et autres rechanges, et une autre pour faire leur aiguade, afin que la chiourme ne pâtisse pas ; et

par dessus tout cela, il faudra choisir le commandant et
les capitaines parmi des officiers qui aiment la mer, afin
que l'union et la bonne intelligence entre les vaisseaux
et les galères produisent un succès avantageux et
agréable au roi. La partance desdites galères doit être
fixée au 10 avril, pour être au rendez-vous sur la fin
du mois, où il faut que les vaisseaux de guerre et autres
bâtiments se rencontrent aussi, afin que, suivant les
avis que l'on recevra des vaisseaux du roi qui auront
croisé pendant l'hiver, on puisse prendre un parti convenable ; et que, si on apprend que tous les Corsaires
ne soient pas rentrés dans leur port, on tâche de les
rencontrer à la mer, en se servant de l'avantage que les
vaisseaux du roi, nouvellement espalmés, auront sur
les leurs, qui auront été à la mer pendant deux ou trois
mois.

« Il est important qu'aussitôt, et toutes les fois que
les vaisseaux reviennent de la mer, on travaille à leur
radoub de charpente, et qu'on leur donne une carène
sans suif, jusqu'à ce qu'on les veuille remettre en mer.
Et quand l'équipage est tout assemblé et les vivres prêts
à embarquer, alors on leur donne la carène avec le suif,
et puis l'on part en toute diligence, et ainsi l'on profite
du temps auquel les vaisseaux sont en état de bien mar-

cher. C'est ce qu'il faudra pratiquer en cette occasion, où il est surtout nécessaire de bien aller à la voile, et même cela contribuera à faire partir les vaisseaux dans le temps précisément ordonné par la cour ; ce qui n'arrive pas ordinairement, parce que l'on commence trop tard les radoubs de charpente, et que l'on n'y travaille que lorsque les vaisseaux sont destinés pour aller à la mer.

« Il est aussi d'une nécessité absolue que le vaisseau *le Trident*, qui doit servir d'hôpital, soit uniquement destiné à ce service particulier, et qu'il soit en état de partir avec le commandant. L'exemple du grand nombre de malades qu'il y a eu les deux dernières campagnes le fait assez connaître, et il faut de plus, outre les officiers de médecine, chirurgiens, apothicaires et autres gens destinés à ce service, qu'il y soit embarqué deux cents matelots, des draps, et des couvertures à proportion pour les malades. Il faut aussi qu'il soit pourvu, en partant de Toulon, de bœufs, vaches, moutons et poules, et que le munitionnaire emporte avec lui des fonds suffisants pour renouveler ces rafraîchissements quand il en sera besoin. C'est ainsi que cela s'est pratiqué autrefois, comme il est aisé de le voir par les anciens états ; et, en effet, il est de la dernière importance, pour le service du roi, que cela soit ainsi, afin de conserver en bonne santé les équipages des vaisseaux de Sa Majesté, parce que, de cette manière, aussitôt que quelque soldat ou matelot tombe malade, on le sépare de ceux qui se portent bien, et ainsi le mal ne se communique pas, comme il a coutume de faire quand ils sont tous ensemble.

« Le mal de terre, ou scorbut, étant des plus ordinaires sur la mer, et l'air de la terre y étant un souverain remède, il faudra disposer un lieu sous des tentes, à l'endroit où les vaisseaux donneront carène, pour y laisser un nombre de matelas, et quelques gens de l'hôpital pour avoir soin des malades invétérés que l'on y mettra, qui, sans doute, guériront plus tôt, et les vaisseaux qui viendront caréner prendront soin de rembarquer les convalescents, et de les rendre ensuite chacun à leur bord.

« Il faudra, enfin, qu'il y ait un commissaire intelligent qui sache le détail des carènes, et qui prenne un soin exact de la distribution des rafraîchissements, mais principalement pour mettre le bon ordre, et empêcher les contestations qui arriveront entre les écrivains du roi et les commis du munitionnaire sur la qualité des vivres qui viendront de Toulon sur les flûtes ; car il est sous-entendu que les vaisseaux de guerre, sans une nécessité imprévue, n'iront point à Toulon chercher leurs vivres, pour éviter la perte du temps ; et ainsi il faudra qu'aussitôt que les premières flûtes auront déchargé leurs vivres, elles soient renvoyées à Toulon sous l'escorte de celui des navires qui se trouvera avoir le plus besoin de carénage, afin que, dans le temps qu'exigera cette réparation, on charge les flûtes de vivres frais pour la subsistance de l'armée, ainsi que le roi l'aura ordonné, et qu'elles soient ensuite escortées par le même vaisseau, qui les reconduira au rendez-vous désigné, que l'on juge devoir être l'île de Yvice, qui sera l'endroit où l'on tiendra toujours correspondance avec l'armée, et où les ordres de la cour seront adressés, pour, de là, passer en sûreté au commandant de l'expédition. Il sera donc très expressément recommandé à l'Intendant de la Marine de Provence de tenir prête la quantité de vivres que l'on doit porter au rendez-vous, où les vaisseaux n'en prendront que pour trois mois, après avoir été carénés, à la fin desquels ils y retourneront encore, afin de pourvoir aux mêmes nécessités, suivant que les circonstances l'exigeront vu que leur situation s'y prêtera. »

Le soin particulier qu'avait déployé Du Quesne dans

l'exposé de ce nouveau plan de campagne lui fit donner, l'année suivante, le commandement de la seconde expédition préparée contre les pirates barbaresques. Il partit de Toulon le 6 mai, à la tête de six vaisseaux de guerre, et donna pour rendez-vous aux galiotes, galères et vaisseaux de transport les îles de Formentera, près d'Yvice. Renau d'Eliçagaray, l'inventeur des galiotes à bombes, l'accompagnait, comme la première fois, pour diriger la manœuvre de ces machines incendiaires.

Le 4 juin, l'armée se trouva réunie aux îles de Formentera. *Le Laurier*, *l'Étoile* et les galiotes y arrivèrent le 9, et après y avoir attendu les galères jusqu'au 15, pendant qu'on s'occupait de charger deux mille bombes, Du Quesne appareilla et fit route le lendemain pour Alger. On y arriva le 18, et l'on y trouva MM. d'Amfreville, de Septesmes, de Villette, de Mené et de Saint-Mars. M. d'Amfreville avait une prise anglaise chargée de citrons, qu'il venait de reprendre à un Turc marocain, dont l'équipage était composé de vingt-cinq Algériens.

Du Quesne résolut d'employer les galiotes sans attendre ses galères ; et, comme cette résolution paraissait délicate à cause que les ennemis étaient sur leurs gardes avec une flottille bien armée et prête à sortir du port, il ordonna que l'on viendrait d'abord mouiller un peu en deçà d'une grande portée de canon ; que l'on ferait porter un peu plus près de la ville sept vaisseaux à égale distance des batteries ennemies ; et qu'outre cela, on porterait encore plus près des murailles deux autres vaisseaux, sur les ailes de la ligne de bataille, pour appuyer les galiotes en cas de sortie des pirates.

Le 20, l'armée mouilla, et, dès le lendemain, les vaisseaux prirent leurs postes respectifs d'après l'ordre tracé par le commandant en chef.

Le 23, on prépara tous les engins nécessaires au bombardement.

Le 24, la mer fut grosse, et Du Quesne se contenta de donner de simples ordres de surveillance ; quelques chaloupes de garde furent jetées par les vagues contre les murailles. Les ennemis, qui n'avaient pas encore tiré un seul coup, hasardèrent alors quelques décharges de mousqueterie qui, heureusement, n'atteignirent personne.

Le lendemain, la mer fut si grosse, qu'il fallut se résigner à une complète inaction. Mais, dans la soirée du 26, le vent ayant cessé tout à coup et fait place à un grand calme, Du Quesne, impatient de commencer l'attaque, vint faire marcher les galiotes et les deux vaisseaux placés en vedettes sur les ailes, après avoir fait donner aux galiotes dix gardes de la marine, dix grenadiers et dix soldats de renfort à chacune. Puis, il ordonna au major de porter la moitié des chaloupes armées vers les vaisseaux du nord, et l'autre moitié vers ceux du sud, après qu'il en aurait donné deux à chaque galiote pour s'en servir, et qu'il en aurait porté deux très près de la sortie du port, pour brûler des amorces de temps en temps, en cas que les ennemis fissent quelque sortie, afin qu'à ce signal toutes les chaloupes des ailes marchassent vers les galiotes qui auraient pu être attaquées.

L'on ne commença le feu qu'à une heure après minuit, tant à cause que l'on différa fort longtemps à se mettre en marche, pour donner à la mer le temps de se calmer, que parce que l'on dut aussi passer quelques heures à se poster. Le feu continua pendant une heure et demie, après quoi Du Quesne fit tirer le canon de retraite, car il s'éleva en ce moment un vent de terre assez vif, qui lui faisait craindre quelque bourrasque.

Pendant cette canonnade, on avait tiré environ quatre-vingt-dix bombes, de douze à quinze livres chacune; huit ou dix seulement crevèrent en l'air ou en sortant du mortier; toutes les autres tombèrent sur le môle et dans le port, à l'exception de cinq ou six qui atteignirent les premières maisons d'Alger. L'ennemi riposta par trois cents coups de canon, qui ne coûtèrent pas un seul homme à la division française.

Le 26 au soir, la mer s'abattit entièrement ; mais comme il faisait de tous côtés des éclairs, et que le ciel, fort chargé de nuages, laissait présager le retour prochain des mauvais temps, Du Quesne se montrait irrésolu. Cependant, après avoir donné les mêmes ordres que la veille, il vint reprendre son poste de combat. Dès que chacun de ses navires eut regagné la place qui lui était assignée, le feu se rouvrit, et le tir des bombes s'exécuta avec plus de justesse encore et d'effet que dans la précédente attaque. Mais, entre minuit et une heure, l'orage qu'on redoutait éclata, et les vents se déchaînèrent avec une telle furie que les galiotes, chassant sur leurs ancres, eurent besoin d'être remorquées par les vaisseaux. On avait néanmoins lancé cent dix bombes ; quinze ou seize avaient manqué leur effet ; le reste avait porté en plein corps dans les fortifications de la place. L'ennemi tira plus de six cents coups de canon ; trois hommes, dont un officier, furent tués.

Le lendemain, à neuf heures du matin, le dey Baba-Hassan envoya un député, avec un autre Turc pour servir d'interprète, et le Père Le Vacher, consul de France, pour négocier la paix. Du Quesne refusa d'écouter aucune proposition avant qu'on lui eût remis tous les esclaves français ou européens capturés sous le pavillon de France. Quelques heures après cette signification, Baba-Hassan renvoya de nouveau ses deux émissaires; mais, cette fois, le consul de France ne les accompagnait point. Ils étaient porteurs d'une lettre que le commandant français refusa d'ouvrir, en ajoutant qu'il n'accepterait ni intermédiaire, ni transaction, ni lenteurs dans ses relations avec la puissance barbaresque, et que, si la première condition qu'il avait signifiée n'était pas remplie par le dey avant le coucher du soleil, le bombardement recommencerait. Les deux Turcs revinrent pour la troisième fois, le même jour, à six heures du soir, pour demander en grâce que le bombardement fût suspendu jusqu'au lendemain à midi, assurant, au nom du dey et du conseil de la Régence, que ce délai n'était sollicité que pour avoir le temps de rassembler les esclaves chrétiens épars dans la ville et aux alentours, afin de les renvoyer successivement, en toute sécurité, à bord de la flotte française.

Du Quesne accorda cette suspension d'hostilités, et les Algériens tinrent leur promesse; car le jour suivant, à l'heure dite, ils amenèrent cent quarante-deux captifs français auxquels la liberté venait d'être rendue. On apprit de la bouche de ces malheureux que la ville était divisée en plusieurs partis acharnés, dont les uns s'obstinaient à la résistance, tandis que les autres, effrayés des affreux ravages du bombardement, réclamaient la paix à grands cris. Le jour d'après, le dey renvoya encore cent vingt-quatre esclaves, puis cent cinquante-deux, qui furent rendus le 1er juillet. L'officier chargé de la conduite de ces derniers sollicita en échange la remise de plusieurs prisonniers turcs, capturés quelque temps auparavant par le capitaine de Léris : mais Du Quesne ne consentit à délivrer qu'un chef de galère, dont il faisait présent, dit-il, à Baba-Hassan, sans que cet acte de courtoisie dût être considéré comme un signe d'accommodement.

Quelques jours s'écoulèrent encore dans une complète inaction de part et d'autre. Le 23 juillet, Du Quesne, pressé par le dey d'accéder à quelques ouvertures de paix, choisit parmi ses ôtages quelques habitants notables d'Alger, qui furent mis à terre pour aller porter ses propositions. La milice des Janissaires et le dey lui-même, prévoyant les malheurs qu'une plus longue résistance ne manquerait point d'attirer sur la ville, se montraient disposés à souscrire à presque toutes les conditions signifiées par l'amiral français; mais quelques difficultés s'agitaient encore, lorsqu'un des ôtages algériens, nommé Mezzo-Morto, pria Du Quesne de lui permettre d'aller en ville, en affirmant que son influence suffisait pour terminer immédiatement, à la complète satisfaction des Français, les dernières questions en litige.

Du Quesne, informé par les captifs délivrés que Mezzo-Morto était effectivement un personnage de haute considération parmi les Turcs, et qu'il occupait même un grade élevé dans le corps des Janissaires, lui accorda sa demande avec une entière confiance. Mais Mezzo-Morto était à peine débarqué que, dévoilant aux yeux des assiégés ses véritables desseins, et leur reprochant amèrement ce qu'il appelait une lâcheté, il représenta à la foule accourue sur son passage le peu de force de la flotte française et l'indigne faiblesse du dey, qui se laissait humilier. Une émeute se forma rapidement. Mezzo-Morto, à la tête des mécontents, courut au palais du chef de la Régence, poignarda de sa propre main l'infortuné Baba-Hassan, et se fit proclamer à sa place.

L'amiral français, ne le voyant pas revenir, et ayant appris bientôt ce qui venait de se passer, reprit aussitôt l'offensive; le bombardement recommença avec une nouvelle vigueur, et, pendant toute la nuit, Alger fut couvert d'une pluie de mitraille et de feu. À l'aspect des ruines nouvelles qui pantelaient de toutes parts et menaçaient d'ensevelir la ville entière, les Algériens exaspérés se livrèrent à d'atroces cruautés ; ils attachèrent le P. Le Vacher, consul de France, à la bouche d'un canon, et lancèrent ses membres déchirés sur l'escadre ennemie.

Cependant, deux partis allaient en venir aux mains dans la ville. L'un était composé des habitants dont les maisons avaient été ruinées par le bombardement ; réduits au désespoir, ces malheureux voulaient combattre jusqu'à ce qu'Alger leur servît de tombeau. L'autre parti, formé de gens qui n'avaient encore rien perdu, mais que le désastre allait frapper à leur tour, voulait qu'on fît la paix à quelque condition que ce fût. Dans cette situation critique, Mezzo-Morto déploya toute l'audace de son caractère ; il chargea lui-même, à la tête de ses gardes, les émeutiers, dont les clameurs osaient le rendre responsable des malheurs présents et à venir ; il sabra les plus exaltés et réduisit les autres à un silence précaire. Les bombes, au milieu de cette crise, continuaient leur lugubre spectacle ; et, pendant toute la nuit du 7 août, le feu de l'artillerie française sema de tous côtés d'épouvantables ravages. A mesure que le mal augmentait, la fureur des assiégés se signalait par de nouvelles atrocités. Le meurtre et le pillage se mêlaient ainsi aux horreurs d'une guerre sans merci.

Le 9 septembre, la mer était calme; les galiotes de Renault d'Eliçagaray prirent une position foudroyante et lancèrent, dans la matinée, plus de trois cents bombes. Le 10, elles en tirèrent cinquante. Enfin, le 11, les Algériens firent sortir du port une galère qui voulut enlever *la Fulminante*, commandée par M. de la Bretesche, et soutenue par plusieurs chaloupes canonnières; mais cette galère fut accueillie par un feu si vif de mousqueterie que force lui fut de se retirer toute désemparée, après avoir perdu les trois quarts de son équipage.

Le 14, on apprit que Mezzo-Morto était blessé. Cette circonstance promettait aux assiégeants une prompte et décisive victoire. Les Algériens, privés du chef dont l'audace était leur dernière ressource, allaient, sans nul doute, implorer la clémence des Français. Mais, par une fatalité déplorable, les vents orageux qui tourmentent ces parages dans le mois de septembre commencèrent à souffler. Du Quesne, en même temps, voyait ses munitions presque épuisées : ses troupes étaient accablées de fatigues, et, dans la crainte d'un désastre naval, il dut encore une fois prendre le parti de se retirer sans avoir obtenu un résultat. Il rentra, le 15 octobre, dans la rade de Toulon.

Quelque temps après, la paix fut conclue et signée par l'intermédiaire de M. de Saut, agent français à Alger, qui avait succédé au P. Le Vacher, et du chevalier de Tourville, qui se rendit sur la côte d'Afrique, vers la fin du mois de mars 1684, avec les pouvoirs les plus étendus.

Le 2 avril, à midi, M. de Tourville se réunit avec M. de Saut, sur la rade d'Alger. Le dey lui envoya une députation de dix capitaines des Janissaires, pour le complimenter. Tourville les reçut avec honneur, et les fit saluer, à leur départ, par une salve d'artillerie. Ces préliminaires annonçaient, de part et d'autre, les plus favorables dispositions. Le 6, une députation française, présidée par le marquis d'O, se rendit à Alger pour rendre au dey les politesses qu'il avait faites à M. de Tourville. Le même jour, Mezzo-Morto écrivit au commandant de l'escadre française, pour lui demander sur quelles bases le roi de France désirait que la paix fût conclue. Les négociations commencèrent, et, au bout de huit jours de pourparlers, qu'aucune difficulté ne vint interrompre, le traité suivant fut signé.

ARTICLE Ier.

Le dey d'Alger rendra tous les sujets français généralement détenus esclaves dans le royaume et le territoire de la domination d'Alger; et on ne lui rendra, en échange de cette remise, que les Janissaires du Levant qui se trouvent actuellement prisonniers sur les galères de France.

ARTICLE II.

Les vaisseaux d'Alger ne pourront faire de prises, de quelque nation que ce soit, à une distance moindre de dix lieues des côtes de France, tant sur l'Océan que dans la Méditerranée.

ARTICLE III.

Tous les Français pris par les ennemis du roi de France, qui seront conduits à Alger ou sur un point quelconque de la domination algérienne, seront aussitôt remis en liberté, sans qu'on puisse les y retenir comme esclaves, sous quelque prétexte que ce soit.

ARTICLE IV.

Les étrangers, passagers sur des vaisseaux français,.

et les Français capturés sur des navires étrangers, ne pourront être réduits en esclavage, à quelque titre que ce soit, quand bien même les vaisseaux sur lesquels on les aura pris se seraient défendus.

ARTICLE V.

Si quelque vaisseau français, poursuivi par la tempête ou par l'ennemi, se perdait sur les côtes de la dépendance d'Alger, il sera secouru par les sujets du dey; on lui fournira tous les objets dont il aura besoin pour reprendre la mer ; on l'aidera à sauver ses marchandises naufragées, en n'exigeant, pour ce service, que le salaire des gens qui lui auront prêté leur assistance, et sans que l'on puisse prélever aucun droit ni tribut sur lesdites marchandises qui seront mises à terre pendant cette opération, à moins qu'elles ne soient vendues dans les ports algériens.

ARTICLE VI.

Il ne sera donné aucun secours ni protection contre les Français aux Corsaires de Barbarie qui seront en guerre avec eux, ni à ceux qui auront armé sous leur commission.

ARTICLE VII.

Le dey, pacha, divan et milice d'Alger feront défense à tous leurs sujets d'armer sous commission d'aucun prince ennemi de la couronne de France. Ils empêcheront aussi que ceux contre lesquels le roi de France sera en guerre puissent armer dans leurs ports, pour faire la course contre les navires français.

ARTICLE VIII.

Les Français ne pourront être contraints, pour quelque prétexte que ce soit, à charger sur leurs vaisseaux aucune chose contre leur plein et libre consentement; ni de se détourner de leur route, ni de se rendre en des lieux opposés à celui qu'ils se proposent d'atteindre.

ARTICLE IX.

Toutes les fois qu'un vaisseau de guerre, appartenant au roi de France, viendra mouiller sur la rade d'Alger, aussitôt que le consul en aura averti le gouverneur, ce vaisseau sera salué par les forts algériens, selon le rang de l'officier qui le commandera; et, dans tous les cas, ce salut sera composé d'un nombre de coups de canon plus grand que celui qu'on accorde à tous les autres pavillons.

ARTICLE X

La même formalité s'accomplira toutes les fois qu'un vaisseau de guerre français et un navire algérien se rencontreront à la mer.

ARTICLE XI.

Si la paix venait à être rompue de nouveau entre les deux puissances, tous les négociants français qui se trouveront établis ou de passage sur un point quelconque de la domination algérienne pourront se retirer librement où bon leur semblera ; et nul ne pourra leur nuire ni les inquiéter pendant le délai de trois mois.

Ce traité fut conclu pour une durée de cent ans. Telle fut la fin de cette campagne, dont la France paya tous les frais, et dont le résultat put justifier cette bravade de Mezzo-Morto, disant au Chargé d'affaires de Louis XIV : « Ton roi n'avait qu'à me donner la moitié de ce que lui a coûté cette expédition, je me serais chargé de ruiner Alger moi-même et de le rebâtir après ! »

Cent cinquante ans plus tard, pour une cause certainement plus futile, notre marine et notre armée, en quelques jours, s'emparaient d'Alger, et le drapeau français, déployé à tout jamais, au haut de la Kasbah, semblait annoncer aux tribus voisines et bientôt à toute cette côte d'Afrique, son annexion à la France.

V

Pendant que ces événements s'accomplissaient, Jean
Bart était devenu l'un des capitaines des vaisseaux du
roi les plus estimés et les plus considérables. Nous
avons dit ailleurs le cas qu'en faisait le ministre Colbert.
Tour-à-tour matelot, maître et capitaine, Jean Bart
avait donné la mesure de ce qu'on pouvait attendre de
son courage et de son expérience. L'ancien compagnon
de Gaspard Keyser, l'audacieux corsaire du *Canard-
Doré*, entrait en rivalité avec Claude de Forbin, comte
de Janson, également capitaine des vaisseaux du roi, et
qui opposait la jactance du courage méridional à la
rude modestie du marin de Dunkerque.

Claude de Forbin, comte de Janson, né en 1656, aux environs d'Aix en Provence, était alors âgé de trente-huit ans. Cadet d'une nombreuse famille que la fortune n'avait guère favorisée, il avait été d'abord destiné à l'état ecclésiastique. Mais, à peine âgé de quinze ans, le jeune cadet montrait déjà des inclinations bien opposées à la cléricature. Après vingt escapades de jeunesse, il se prit de querelle avec un gars de bas étage, pour un motif des moins avouables ; un coup d'épée le débarrassa de ce rival, mais le réduisit à fuir aussitôt les recherches de la justice. Il se réfugia à Marseille auprès de son oncle, le commandeur de Gardanne, capitaine d'une des galères du roi. Accueilli avec affection par ce brave marin, il le suivit au siége de Messine, et, à la paix de 1678, entra dans une compagnie de mousquetaires, sous les ordres d'un autre de ses oncles, le bailli de Forbin. Mais son caractère ne parvenait pas à se plier sous la discipline de fer que le ministre Louvois s'efforçait d'imposer aux troupes de terre. Il quitta bientôt les mousquetaires pour venir s'embarquer à Toulon, où il eut un nouveau duel, mais cette fois avec un bon gentilhomme, qui subit le sort du gars dont nous venons de parler. Obligé de prendre une seconde fois la fuite, Claude de Forbin fut condamné

à mort par le Parlement d'Aix, jaloux de montrer à la
noblesse la puissance dont la magistrature était investie.
Un troisième oncle, le cardinal de Janson, intervint en
sa faveur, et obtint de Louis XIV des lettres de grâce
qui rouvrirent au jeune bretteur la carrière de l'avenir.
Il fit alors la campagne d'Amérique, sous M. d'Estrées,
en 1678, et celles d'Afrique, sous Du Quesne, en 1682
et 1683, comme lieutenant de vaisseau. Au retour de
ces expéditions, le roi, satisfait de sa conduite, lui
confia une frégate, et bientôt le jeune marin, au renou-
vellement de la guerre européenne, se trouva en face de
Jean-Bart.

« Au physique, dit un savant historien de la Marine
Française, Claude de Forbin réunissait toutes les qualités qui distinguent l'homme de guerre. Il avait un
fort grand air ; il était vif, nerveux, alerte ; sa taille,
souple et dégagée, était pleine d'élégance, et il avait
singulièrement réussi dans tous les exercices d'aca-
démie. Son teint brun, ses sourcils prononcés, son œil
noir, fixe et hardi, sa lèvre haute et dédaigneuse ca-
draient merveilleusement bien avec la roideur et l'im-
perturbable audace de son caractère, qui, loin de se
modérer, était plus altier que jamais. A cette impatience
naturelle, poussée jusqu'à l'exaspération par la moindre

contrariété, s'était joint un sentiment d'incurable envie
et la jalouse rivalité contre tous les marins de son temps.
En un mot, l'orgueil le plus insultant et le plus effréné
pouvait passer pour de la modestie auprès du suprême
mépris que M. de Forbin témoignait aux autres officiers
du corps de la marine. Ainsi, Tourville était timide,
Coëtlogon fou, Chateau-Renault stupide, Gabaret im-
portun, Langeron une caillette, Jean Bart un brutal,
dont la grossièreté faisait tout le renom, et Duguay-Trouin
un matelot insolent et ignare. Tels sont les portraits que
nous ont laissés les historiographes du temps et les
faiseurs d'anecdotes. Quant à Forbin, il résumait l'es-
sence de son génie prétentieux par ces mots: « Il n'y a
que Turenne et Forbin qui aient eu carte blanche en
France, » faisant allusion à l'assez grande latitude d'o-
pérations qui lui fut donnée, mais dont il abusa étran-
gement, lors de sa campagne sur l'Adriatique. D'ailleurs, toujours en hostilité ouverte avec les ministres,
cassant, opiniâtre, et vain au dernier point de sa naissance, dont il pensait les écraser, il fallut toute la pa-
tiente douceur, toute l'impertubabilité d'âme, ou plutôt
l'indifférence méprisante de M. de Pontchartrain, pour
que Forbin ne fût pas cent fois perdu sans retour. Avec
cela, M. de Forbin se montrait plein de courage et de

résolution. Son insouciance, son *laisser-aller* dans le danger, si l'on peut se servir de cette expression, étaient vraiment peu croyables ; et sa bouillante et souvent aveugle intrépidité lui valut plusieurs beaux et brillants faits d'armes. Il était, de plus, excellent manœuvrier, s'entendait fort bien à la construction des vaisseaux, et partageait cette réputation avec le marquis de Langeron. Quant à ses mœurs privées, une débauche vilaine et outrée lui faisait passer des mois entiers dans l'ombre avec la plus crasse et la plus honteuse compagnie. Sa cupidité était monstrueuse ; il aimait fort la chère grande et délicate, et jouait avec énormité. Son esprit, s'il n'était pas obscurci par l'orgueil ou éteint par ces excès, brillait d'un éclat et d'un feu qu'on ne saurait dire, sali, plaisant, moqueur, enjoué, gai jusqu'à la folie la plus divertissante. On ne se lassait point de l'entendre, et c'était à mourir de rire lorsqu'il parlait de son voyage de Siam. Fort indifférent d'ailleurs à toute sorte de culte, son irréligion et son impiété eussent scandalisé Desbarreaux. En voici un trait. Pendant une nuit d'horrible tempête, sa frégate, démâtée, allait presque couler bas, envahie par une formidable voie d'eau, que n'affranchissaient plus les pompes, abandonnées par les matelots épouvantés qui, agenouillés sur le pont, invoquaient tous les saints du paradis. Dans cette situation désespérée, Forbin mit l'épée à la main, et leur cria : « Sainte pompe ! f..... maniez Sainte pompe !... il n'y a qu'elle qui puisse vous sauver ! » Il fut écouté, et en effet, Sainte pompe, maniée vigoureusement, fit cent fois mieux que n'eût su faire Notre-Dame-de-Bon-Secours. Quand on se représente ce gentilhomme corrompu, dédaigneux et brelandier, toujours le poing sur la hanche, mais d'ailleurs plein d'audace et bon marin, mis en contraste avec Jean Bart, simple, rangé, et vivant en bourgeois paisible au milieu de sa famille après une course ou une croisière ; malgré soi, l'esprit se plaît dans les mille oppositions que dut faire naître le rapprochement fortuit de deux natures si contraires. »

On lit dans une lettre, adressée à M. de Valincourt, qu'en arrivant à Dunkerque Forbin, avec sa suffisance et sa hauteur connues, avait commencé à prendre des airs dominateurs avec Jean Bart. Puis, encouragé par l'insouciance du corsaire, qui, fort de sa force et de sa conscience, avait peu remarqué d'abord les allures insolentes de son nouveau compagnon de course, Forbin poussa les choses à un tel point que M. Patoulet, intendant de la Marine de Dunkerque, et singulièrement ami et admirateur de Jean Bart, crut devoir engager celui-ci à ouvrir les yeux et à ne pas se laisser berner. Une fois averti, Jean Bart, qui avait beaucoup de bon sens et une grande finesse naturelle dans l'esprit, attendit son rival à la prochaine impertinence. Elle ne se fit pas attendre, mais le corsaire tenait sa leçon toute prête. Il s'approcha tranquillement de Forbin, en balançant un peu ses larges épaules selon son habitude; puis, ôtant sa pipe de sa bouche, et secouant le fourneau vide sur son ongle afin de remplacer le tabac qu'il venait de fumer :

— Sainte-Croix! s'écria-t-il, monsieur le comte, vous avez de l'esprit, tout le monde en convient, et moi je ne suis qu'un sot. C'est jugé !

— Ah! ah ! monsieur Bart, ah ! fit M. de Forbin d'un ton ricaneur et en saluant avec une humilité grotesque, vous voulez rire.

— Pas tant que vous le pensez, Monsieur, reprit le corsaire en bourrant sa pipe; je dis ce qui est, ce qui saute aux yeux de tout le monde. En vérité, je suis ravi de vous trouver si plaisant; vous méritez qu'on fasse quelque chose pour vous ; et, bien que je ne sois qu'un sot en trois lettres, je veux vous apprendre, moi, une chose...

— Avec vos conseils et vos leçons, dit Forbin, j'irai quelque jour dans la lune, et ce sera bien glorieux. On

a tout à gagner avec des gens comme vous, et ce me
sera infiniment d'honneur, assurément...

Jean Bart coupa cette phrase en battant son briquet
pour rallumer sa pipe, sans paraître accorder aucune
attention au persifflage de Forbin.

— Monsieur, lui dit-il avec un flegme écrasant, nous
autres matelots de Dunkerque, pauvres diables s'il en
fut, nous ne connaissons que deux manières de navi-
guer; ou marcher de conserve, côte-à-côte comme de
braves compagnons, ou de se regarder à contre-bord,
et bien en face. Comprenez-vous, Monsieur?...

— A contre-bord ! diable, Monsieur! voilà qui me
paraît singulièrement peu camarade. Et où voulez-vous
en venir, s'il vous plaît, par cette manœuvre?

— Droit au but ! s'écria Jean Bart en se couvrant
d'un nuage de fumée. Je veux dire qu'il s'agit d'être
amis ou ennemis, mais franchement, sans façons; de se
donner la main sans gant, ou de se f..... un coup de
sabre. M'entendez-vous plus clairement, mon cher
Monsieur?...

L'apostrophe était rude. Forbin comprit qu'il l'avait
provoquée, mais il n'était pas homme à battre en retraite.

— Pardieu ! Monsieur, s'écria-t-il fièrement, vous

Jean Bart attache son fils avec un cordage au mât d'artimon. (Page 133).

parlez une langue qui s'entend sur toutes les mers, et je suis tout–à–fait de votre avis.

— En ce cas, reprit Jean Bart, vous m'allez dire, s'il vous plaît, séance tenante, et devant toute la compagnie, ce que vous voulez que nous soyons l'un pour l'autre : amis ou ennemis ? Ne vous gênez pas, mais parlez carrément, car je n'ai pas le temps, voyez-vous, de chercher toute la journée des puces à vos paroles.

Un homme du caractère de Forbin devait souffrir de refuser un défi ; mais sa conscience lui reprochait d'avoir eu tort envers un brave compagnon, et surtout de l'avoir tracassé par un persiflage déguisé.

— Maître Bart, dit-il au corsaire en lui tendant la main, je n'ai jamais dévié de ma route, Dieu merci ! pour éviter un homme ; mais j'aurais fait cent lieues de traverse pour en rencontrer un comme vous. Soyons amis, cordieu ! et, si mes plaisanteries vous ont offensé, c'est moi qui suis un sot.

— Touchez donc là, Monsieur, répliqua le corsaire. Une fois dans la haute mer, vous verrez que le fils de mon père en vaut un autre. Sans rancune !

Depuis cet épisode, ils furent amis en apparence ; mais, plus tard, dans ses *Mémoires*, Forbin se vengea de Jean Bart en l'attaquant avec la plume. Jean

Bart ne savait ni lire, ni écrire ; mais il avait toujours dominé Forbin de cette immense hauteur qui séparera toujours l'officier brave, chaleureux, mais sans large portée, du marin original et spontané qui se crée un système unique, et qui soumet sa fortune à ses ardentes inspirations ; car tel fut Jean Bart, à tous les instants de sa carrière.

Au mois de septembre 1688, la guerre était imminente avec l'Angleterre. Le ministre de la marine Seignelay, invité par Louis XIV à donner l'exemple aux armateurs en faisant équiper deux corsaires pour son propre compte, s'adressa à l'Intendant de Dunkerque pour lui demander à quel capitaine il pourrait confier avec plus de succès le commandement de ses navires. Jean Bart fut désigné ; et ce choix était le plus heureux qu'on pût faire. Un procès-verbal de prise, daté du 26 octobre, rapporte, en effet, que ce jeune corsaire, monté sur la *Railleuse,* frégate de trente canons, avait enlevé, après un brillant combat, le *Cheval Marin,* flûte hollandaise, aux environs de Bergues. Ce fut dans cette affaire que le fils de Jean Bart, alors âgé de douze ou treize ans, vit le feu pour la première fois. La lutte fut courte, mais terrible. La flûte hollandaise, armée de vingt-quatre pièces, ménageait son feu pour amorcer la *Railleuse*, et restait en panne. Quand la frégate française se trouva par son travers, elle lui envoya toute sa bordée de mitraille, et fit un affreux ravage parmi son équipage. Au milieu de cet ouragan de fer, l'enfant trembla; Jean Bart, qui ne le perdait pas de vue, pâlit d'effroi: mais il ne voulait pas que son fils, que l'unique héritier de son nom faiblît devant le danger.

— Garçon, lui cria-t-il, tu n'as pas peur, n'est-ce pas? Il n'y a que les poltrons qui ne digèrent point ces prunes-là. Monte ici, sur mon banc de quart!

L'enfant obéit, mais une nouvelle volée de canon joncha le pont de cadavres et de blessés. Le fils de Bart fut couvert de sang et d'éclats de cervelle. Cette fois, le cœur lui manqua tout-à-fait; il fléchit sur ses genoux :

— Père, s'écria-t-il d'une voix étouffée, j'ai peur !

— Peur? mordieu ! hurla Jean Bart. Peur? et voici l'abordage ! Debout, enfant, debout ! que ces mangeurs de fromage te voient en face !.....

Et sautant du banc de quart, le corsaire releva son fils d'une secousse violente, et l'attacha avec un cordage au mât d'artimon, puis, se tournant vers son lieutenant : — « Feu partout, s'écrie-t-il, et abordons ! »

Quelques minutes après, l'ennemi était enlevé. L'enfant, pâle encore, était à la même place, mais il s'efforçait de s'élancer aussi, malgré les liens qui le garrottaient ; sa petite main brandissait une épée, son œil était en feu. Jean Bart vainqueur pleura de joie en l'embrassant. Le baptême du feu avait triomphé des faiblesses de l'âge et de la nature ; l'épreuve était finie, et la peur, à jamais chassée du cœur de l'enfant, venait d'y faire place à la bravoure des aïeux !

Une dépêche de Seignelay, du 9 mai 1689, nous apprend que Jean Bart, rêvant les plus audacieux projets, avait adressé au ministère un plan pour la destruction du commerce hollandais dans le Nord et dans la mer Baltique. Mais le ministre avait, pour le moment, d'autres desseins, et Jean Bart, au lieu de cette missive désirée, reçut, avec Forbin, l'ordre d'escorter, du Hàvre à Brest, un convoi de quatre bâtiments marchands. Le 22 mai, dans la Manche, ils rencontrèrent deux vaisseaux de guerre anglais, l'un de quarante-deux, l'autre de quarante-huit canons. Bart commandait l'escorte. Il se charge du vaisseau de quarante-huit, qu'il veut attaquer avec Forbin, tandis que les navires marchands, bien armés, livreront bataille au second adversaire. Mais, par la violence d'un coup de mer, il fait un faux abordage, et reçoit tout le feu de l'ennemi. Forbin, plus heureux, aborde à tribord et accroche l'Anglais, qu'il combat avec furie. Pendant ce temps, les bâtiments marchands, montés par des hommes lâches, ont pris la fuite à toutes voiles, au lieu d'attaquer leurs adversaires. Jean Bart voit le péril, et, laissant aux prises Forbin tout seul dont il connaît la valeur, va prêter le travers à ce nouvel assaillant. Il est blessé ; Forbin venait de l'être aussi. Leurs deux frégates sont rasées, cent quarante hommes sont hors de combat ; la chance est contre le courage ; il faut se rendre !

En récompense de ce succès, qui leur coûta cher, les Anglais virent un simple maître d'équipage du vaisseau de quarante-huit élevé d'emblée au grade de capitaine de frégate, pour avoir pris le commandement de ce navire après la mort du commandant et de tous les officiers. Les vaisseaux marchands s'étaient sauvés et gagnèrent le port de la Rochelle. Forbin et Jean Bart furent conduits en triomphe à Plymouth. Jean Bart s'en échappa après onze jours de captivité, emmenant sur une frêle barque son camarade Forbin, un chirurgien et deux mousses. C'était la répétition de l'évasion merveilleuse de Duguay-Trouin. Malgré la furie de la mer, et la blessure dangereuse de Forbin qui se tenait au gouvernail, Jean Bart et le chirurgien traversèrent la Manche à force d'avirons, et vinrent prendre terre à six lieues de Saint-Malo, après deux jours et une nuit de périls, de privations et de souffrances.

La glorieuse considération dont le nom de Jean Bart s'entourait depuis longtemps était parvenue, dès cette époque, à un si éminent degré qu'à la première nouvelle de sa captivité, et avant même qu'on pût soupçonner son évasion, le ministre de la Marine s'occupait activement de négocier sa délivrance. Ce fut à leur retour des prisons d'Angleterre que Jean Bart et Forbin reçurent le brevet de capitaine de vaisseau.

Dans la nuit du 26 juillet 1691, l'escadre de Jean Bart traversa une ligne de trente-sept vaisseaux anglais, dont dix-huit ou vingt se détachèrent pour lui donner la chasse. Au point du jour, il se trouvait hors de toute atteinte. Vers le soir, il aperçut encore six navires qui semblaient suivre la même route que lui. Il les envoya reconnaître et apprit que c'étaient quatre bâtiments de commerce anglais, richement chargés, qui faisaient voile pour la Russie, sous l'escorte de deux vaisseaux de guerre, l'un de quarante canons, l'autre de cinquante. Il les serra de près pendant toute la nuit, commença l'attaque au petit jour, et, après une heure de combat, s'empara de ce convoi, qui fut envoyé en Norwège pour y être vendu. Peu de temps après, il fit rencontre de la flotte hollandaise qui revenait de la pêche aux harengs, escortée par deux vaisseaux de quarante canons ; il y jeta le désordre, enleva l'escorte à l'abordage et captura une bonne partie du chargement. Selon plusieurs biographies de Jean Bart, c'est à l'issue de cette campagne que l'intrépide corsaire fit à Louis XIV l'énergique peinture de sa sortie de Dunkerque. Le roi lui demandant comment il avait fait pour forcer les passes malgré la flotte ennemie, Jean Bart prit, dit-on, plusieurs courtisans, les rangea sur une ligne pour mieux faire comprendre sa brutale mais pittoresque démonstration ; puis s'élançant sur eux, tête baissée, il les bouscula à coups de poings, et dit au roi en se rajustant : « Sire, voilà comment j'ai fait pour forcer la ligne anglaise ! » Si cette anecdote n'est pas authentique, elle mérite de l'être, car on y trouve un cachet de vérité qui se rapporte parfaitement au caractère du marin dunkerquois. Ce qui nous permettrait de révoquer en doute l'historiette que nous venons de lui prêter, c'est la lettre suivante, adressée de Dunkerque, le 24 mars 1693, par le capitaine de Beaujeu à M. de Valincourt, secrétaire-général de la Marine, et qui affirme qu'à cette époque Jean Bart ne fit point le voyage de Versailles.

« Il n'est pas vrai, dit cet officier, que M. Bart se soit

rendu à Versailles ; il n'a point quitté le port ; il monte un vaisseau dans le corps d'armée et va se rendre à Brest, la cour lui ayant laissé le choix ou de passer sur mon vaisseau en qualité de capitaine en second, ou de s'en aller sur une simple frégate. Il a pris ce dernier parti. Si je suis prêt aussitôt que lui, nous mettrons à la voile le même jour et nous ferons route ensemble. J'avais un ordre du roi pour le faire reconnaître en qualité de capitaine en second. Le vaisseau que M. Bart va monter se nomme *le Maure*, de cinquante-quatre canons. La frégate *l'Hercule*, de trente canons, va aussi de conserve avec lui, sous les ordres du lieutenant Maisonnette. Entre les deux frégates et moi, nous mènerons bien deux cent cinquante matelots passagers. La cour a augmenté mon équipage de cinquante hommes, de sorte que j'en ai actuellement cinq cents, tous gens de choix. Bart sera plus tôt prêt que moi, selon toute apparence, et je n'insisterai pas pour qu'il m'attende, parce qu'ayant ordre d'éviter autant que possible les combats, je ne veux me charger d'aucun embarras ; si pourtant nous sommes en mesure de partir le même jour, je n'hésiterai pas à faire route avec un homme dont la compagnie est si honorable. »

Le 19 août 1694, Jean Bart, nommé chevalier de

Saint-Louis, reçut du ministre Pontchartrain les instructions suivantes :

« Sa Majesté veut qu'il appareille aussitôt les présentes
reçues, avec les vaisseaux qu'il commande et les flûtes
le Bienvenu et *le Portefaix*. Il ira droit au cap Dernens.
Aussitôt qu'il sera arrivé sur cette hauteur, il permettra
au commandant de ces flûtes de suivre les ordres qu'il
aura du sieur Patoulet, Intendant de la Marine ; et il
détachera en même temps deux des vaisseaux de son
escadre, qu'il enverra à Flecker avec une corvette que le
sieur Patoulet a ordre de lui donner. Il chargera l'officier qui commandera ces deux vaisseaux de s'informer
du nombre de bâtiments chargés de blés pour la France
qui seront dans ce port, de ceux qui doivent encore
arriver, du temps auquel le tout pourra partir de Flecker, et de lui faire savoir ensuite exactement tout ce
qu'il aura appris, par la corvette qu'il lui renverra. S'il
ne fallait que peu de jours à ces bâtiments de transport
pour partir de Flecker, il les attendra dans ce parage ;
mais s'il leur fallait un temps trop considérable pour
s'apprêter, Sa Majesté lui permet d'aller croiser dans
les endroits qu'il jugera convenables, jusqu'à l'époque
où la flottille sera en mesure d'appareiller. Le sieur Bart
ne manquera pas de se trouver au cap Dernens, ou

même de se rendre à Flecker, si ce mouvement est nécessaire, pour assurer le passage desdits bâtiments de
transport.

« Il amènera cette flotte avec toutes les précautions
que la prudence recommande. Il fera entrer à Dunkerque,
en passant devant le port, les bâtiments qui devront s'y
arrêter, et conduira les autres jusqu'au Hâvre-de-Grâce.
Sa Majesté suppose, en donnant cette mission au sieur
Bart, qu'il ne trouvera point en son chemin d'escadre
supérieure à la sienne et qu'il n'en aura pas même
d'avis. Dans le cas contraire, le sieur Bart devra agir
suivant la nécessité, et mener tout le convoi à Dunkerque, si les ennemis occupaient le Pas-de-Calais, ou
dans la Manche en rangeant la côte d'Angleterre, s'ils
se trouvaient devant Dunkerque. Sa Majesté se remet à
son expérience et à sa sagacité, autant qu'à sa bravoure,
du parfait accomplissement de cet ordre.

« Après avoir mis le convoi en sûreté, M. Bart revien-
dra croiser entre les côtes de Hollande et celles d'Angleterre et d'Écosse. Comme Sa Majesté sait qu'il a une
connaissance parfaite de tous les commerces que ses
ennemis font dans cette étendue des mers, aussi bien
que des époques de départ et d'arrivée des flottes marchandes, tant d'Angleterre que de Hollande et de Ham-

bourg, elle n'entrera dans aucun détail à cet égard, et elle se contentera de lui dire qu'en attendant les flottes qui passent presque toujours en certain temps, il est nécessaire qu'il s'applique à détruire les pêches que les Anglais et les Hollandais font le long des côtes d'Angleterre et d'Écosse. Elle veut qu'il ne conserve des bâtiments qu'autant qu'il en faudra pour renvoyer les équipages, auxquels il observera de ne point laisser de filets ni autres ustensiles servant à leur industrie ou commerce. Si les bâtiments qu'il prendra sont chargés de marchandises considérables, il tâchera de les faire passer à Dunkerque ; s'il ne le peut, il les mènera dans quelque port de Norwège ; mais il brûlera tous ceux qui ne seront pas chargés de valeurs considérables. Il retirera avec beaucoup de soin de tous ces bâtiments tous les vivres qui s'y trouveront, afin de se mettre par là en état de tenir la mer plus longtemps qu'il ne faisait avec les seules munitions de bouche emportées de Dunkerque. En cas qu'il se rende maître de quelque flotte, il gardera la même conduite, c'est-à-dire qu'il tâchera de l'amener à Dunkerque, ou, au pis aller, dans quelque port de la Norwège. Si cette flotte ne porte pas de cargaison de prix, il en brûlera les bâtiments, à la réserve de ce qu'il en faudra conserver pour mettre les équipages à terre, observant, autant que faire se pourra, de débarquer les Anglais en Hollande et les Hollandais en Angleterre.

« Sa Majesté recommande en outre au sieur Bart de faire en sorte d'enlever quelque flottille de charbonniers de Neufchâtel. Elle sait que le succès d'une pareille expédition ferait fort crier le peuple de Londres, et cela conviendrait parfaitement à la conjoncture présente. M. Bart rendrait également un service très important s'il pouvait enlever quelque flotte chargée de grains. Sa Majesté est informée que les Anglais doivent en faire venir de grandes quantités de la mer Baltique, et elle est persuadée qu'en suivant exactement les avis qu'il pourra avoir par les bâtiments qu'il rencontrera à la mer, il pourra parvenir à en enlever quelqu'une.

« M. Bart n'ignore pas que les flottes baleinières de Hollande et de Hambourg, (qui sont considérables cette année, la dernière étant de plus de soixante navires escortés par un seul vaisseau de guerre), doivent arriver au mois d'août ; il faut tenter une belle capture. Les flottes d'Angleterre et de Hollande partent à la fin de juin ou au commencement de juillet pour la mer Baltique. Mais comme elles n'en reviennent qu'en novembre, temps auquel M. Bart ne sera peut-être plus à la mer, Sa Majesté désire qu'il prenne les mesures nécessaires pour en enlever une partie au départ. Les vaisseaux des Indes reviennent ordinairement dans le courant d'août; il serait utile de se mettre en parage en temps opportun, afin de ne pas les laisser échapper. La confiance que Sa Majesté prend en la capacité du sieur Jean Bart, en sa bonne volonté et en son affection dévouée pour son service, fait qu'elle ne lui prescrit rien de particulier sur la conduite qu'il devra suivre dans les occurrences qui pourraient nécessiter des mesures imprévues.

« A l'égard de son retour, Sa Majesté désire qu'il le règle sur la quantité de vivres qu'il aura consommés dans sa croisière, et en ayant soin seulement de tenir la mer aussi longtemps que faire se pourra. Le sieur Bart ne négligera point d'informer Sa Majesté des nouvelles intéressantes de sa navigation, et il se servira, pour cette correspondance, de la corvette qui est mise à sa disposition pour faire le service d'éclaireur, quand il n'aura point d'autre moyen d'expédier ses rapports. »

Muni de cette instruction, Jean Bart mit à la voile sans perdre de temps, et rien ne saurait exposer mieux que la dépêche suivante, du 11 juillet 1694, les heureux résultats de sa campagne.

« Le 29 juin, à trois heures du matin, dit l'illustre corsaire, les vents étant au sud-ouest, on découvrit la flotte ennemie. Elle était à environ douze lieues du Texel, par où elle faisait route. Je fis porter dessus jusqu'à cinq heures, et je reconnus alors qu'elle était escortée de huit vaisseaux de guerre hollandais, commandés par un contre-amiral. Je mis en panne à deux portées de canon d'eux, et j'appelai immédiatement mes capitaines du conseil. Quoique les ennemis me parussent encore plus supérieurs en force qu'en nombre, tous les membres du conseil furent d'avis qu'il fallait les attaquer s'ils étaient chargés de blé; et, pour m'instruire de ce qui en était, je détachai M. de Chamblage, commandant une barque longue, pour tâcher de joindre quelques navires marchands et d'en obtenir les renseignements nécessaires.

« M. de Chamblage passa sous le canon des Hollandais, dont il essuya tout le feu, et me rapporta que cette flotte était celle de Flecker ; qu'elle était destinée pour Dunkerque; que, le jour précédent, elle avait été rencontrée par l'escadre hollandaise qui s'en était emparée en tirant les maîtres d'une partie des vaisseaux les plus considérables, et mettant des Hollandais à leur place pour les conduire prisonniers au Texel.

« Il nous parut, après ce rapport, qu'il ne fallait plus hésiter à combattre, et nous nous y déterminâmes sans avoir égard à la grande inégalité des forces ; et, comme tous les capitaines convinrent avec moi qu'il fallait brusquer l'affaire sans donner le temps aux ennemis de se reconnaître, je les renvoyai à leurs bords, après leur avoir recommandé de faire tous leurs efforts pour aborder chacun leur adversaire sans manquer cette manœuvre décisive. Pour n'être point embarrassé par le nombre, je jugeai à propos de donner le commandement du *Portefaix* au sieur de la Bruyère, premier lieutenant du *Maure*, pour occuper un des vaisseaux que les ennemis avaient de plus que nous, et je lui fis un équipage de cent vingt hommes qui furent tirés de l'autre flûte et de la barque longue. Le temps qu'il mit à s'apprêter donna aux ennemis celui de s'élever un peu au vent, parce que nous restions toujours en panne. Le *Portefaix* se trouvait sous le vent de mon escadre ; celle des ennemis revira, et une partie coupa la flûte et nous.

« Le sieur de la Bruyère prit aussitôt le parti qu'il devait, sans s'étonner de la position des ennemis ; il fit servir en même temps que moi, passa entre le second et le troisième navire hollandais, essuya les bordées de quatre avec fermeté, et revint chercher un poste. J'ar—

rivai ensuite sur les ennemis; j'abordai le premier, et je choisis le contre-amiral. Il avait même dessein que moi; il ne tarda pas à s'en repentir; car je l'attaquai avec tant de vigueur, qu'en moins de demi-heure il fut enlevé. Le commandant a six blessures, dont trois sont mortelles; le capitaine en second a été tué, et deux lieutenants ont éprouvé le même sort. Tous mes officiers ont aussitôt sauté à bord, et combattu avec beaucoup de valeur.

« Le *Fortuné* menait la tête de mon escadre; il aborda le vaisseau d'avant-garde des Hollandais ; mais ses grappins ayant rompu, l'abordage manqua. Le *Fortuné* renouvela son attaque avec plus de bonheur et enleva son adversaire; le *Comte,* qui marchait après lui, laissa échapper sa proie. Le *Mignon* aborda deux fois; mais à la première, il avait trop de voiles et ne put s'accrocher; il diminua sa toile en revenant au combat, et resta vainqueur. Le capitaine et le lieutenant hollandais sont grièvement blessés; l'équipage du *Mignon* ne subit que des pertes peu considérables. L'*Adroit* exécuta sa manœuvre avec une parfaite précision ; aussitôt que l'abordage fut exécuté, officiers et matelots se jetèrent vivement sur le pont ennemi; mais en ce moment ses grappins rompirent; le sieur Fricambault, lieutenant de l'*Adroit*, fut tué par les Hollandais, en voulant pénétrer, l'épée à la main, sous le gaillard, où l'équipage s'était retranché, et le sieur Gabaret, premier enseigne, fut blessé. Le *Fortuné* accourut au secours de l'*Adroit*, enleva le navire hollandais, et dégagea nos gens.

« Après cet engagement, les cinq navires hollandais qui restaient encore intacts ne jugèrent pas à propos de soutenir la lutte; ils firent force de voiles pour nous échapper. Le *Jersey*, le *Comte*, l'*Adroit* et le *Portefaix* se mirent à leur poursuite et les atteignirent. Mais, comme mon vaisseau était entièrement désemparé et presque hors d'état de manœuvrer, et que, d'ailleurs, il était important de s'assurer de la flotte que nous venions de délivrer, et qui, dès le commencement du combat, avait gagné du large dans la direction de Dunkerque, je rappelai mes capitaines, après avoir amariné les prises, dont le commandement fut donné aux sieurs de la Bruyère, de La Tour, de la Sablière et de Ravenel, et partagé les prisonniers parmi mes équipages, pour les mettre hors d'état de se révolter. Je fis ensuite voile pour rejoindre la flotte et la mettre à couvert de nouvelles insultes. »

La *Gazette de la Haye*, du 18 novembre 1694, raconte ainsi les nouvelles prouesses de Jean Bart, et l'effroi que son voisinage inspirait aux Hollandais. — « Le vent s'étant mis à l'est, le 15, le prince d'Orange sortit de la Haye le 16, entre six et sept heures du matin, et alla s'embarquer à Orange-Polder ; mais le vent, ayant encore changé, l'obligea de rentrer au port vers le soir. Il essaya de remettre à la voile, le lendemain, de bonne heure. Mais on apprit, presque aussitôt, que le capitaine Bart, étant sorti de Dunkerque, le 13 de ce même mois, avec cinq vaisseaux, pour aller, à ce qu'on disait, vers le Nord, était arrivé sur les côtes de Hollande ; qu'ayant trouvé à s'ancrer devant Schowen, l'une des îles de Zélande, il avait rencontré et attaqué la flotte d'Écosse, escortée par deux vaisseaux de guerre ; qu'il en avait pris une partie ; que l'autre, s'étant jetée dans la Meuse, s'était sauvée dans divers ports, et que, comme on n'avait point vu reparaître les deux vaisseaux d'escorte, il était fort à croire qu'ils avaient été enlevés par le corsaire français. Sur cet avis, le marquis de Carmacthen, qui commandait l'escadre venue d'Angleterre pour escorter le prince d'Orange, s'était mis à la poursuite de Jean Bart, et le prince d'Orange se trouva forcé d'attendre son retour. »

A la suite de ce nouveau succès, Jean Bart reçut, le 1er août 1694, des lettres de noblesse.

En 1695, les Anglais et les Hollandais formèrent le projet de bombarder et de ruiner entièrement Dunkerque. Ils firent un armement formidable, dépensèrent des sommes immenses, et, le 3 août, neuf vaisseaux de guerre allèrent mouiller à la fosse de Mardyck, éloignée d'une lieue de la ville. Le 5, les ennemis ne firent aucun mouvement; le 6, l'amiral anglais Barcklay, commandant cette expédition, fit tirer quatre coups de canon, qui étaient le signal d'appareiller, et on vit à l'instant plus de trente navires à la voile. A midi, toute la flotte mouilla entre les bancs. Les jours suivants, l'ennemi ne fit encore aucune entreprise; mais, le 11, à sept heures du matin, cent douze vaisseaux, composant la flotte assiégeante, entrèrent dans la rade ; les galiotes à bombes ouvrirent le feu, mais sans effet, à cause de la trop grande distance où elles s'étaient embossées. Elles vinrent alors mouiller devant le fort de l'Ouest, et formèrent un croissant à la portée de canon de ce fort.

Barcklay avait pris des mesures qui devaient assurer le succès de son attaque. 1° On devait commencer par attaquer le Risbank et les forts de bois avec six ou huit galiotes à bombes, qui devaient cesser de tirer sitôt que les frégates et les machines d'assaut approcheraient des forts. 2° Quatre frégates anglaises devaient d'abord s'y rendre avec des pilotes hollandais, et y mener deux brûlots et autant de machines incendiaires, qu'on devait laisser contre les forts de bois, et qui seraient escortés par quatre vaisseaux des États-Généraux, d'environ cinquante canons chacun, destinés pour y jeter l'ancre et battre ces forts. Trois petites frégates hollandaises, un brigantin anglais et une barque d'avis devaient s'approcher des brûlots et des machines, afin de prendre leurs chaloupes quand on y aurait mis le feu. 3° Dans le même temps, deux frégates anglaises, deux caïches et deux brûlots devaient être envoyés derrière le Brakel, pour disperser les petits navires français. Deux machines avec autant de brûlots pour être consumés contre le Risbank, et un brigantin, ainsi que quatre bateaux, devaient emmener leurs équipages. 4° Deux brûlots et autant de machines devaient se tenir prêts pour former une seconde attaque contre les forts de bois, en cas que la première ne réussît pas, et être soutenus par une frégate anglaise. Le reste des frégates hollandaises avait ordre de demeurer sur leurs ancres, en attendant que le besoin de les employer se fît sentir. 5° Tous les grands vaisseaux devaient prendre leurs postes à la hauteur de Gravelines, pour éviter le danger des passes de l'ouest. Ces mesures étaient sans doute redoutables ; mais

Barcklay avait compté sans la fortune de Jean Bart.

Jean Bart, chargé de la défense de la ville, avait pris le commandement du fort de Bonne-Espérance, situé à l'ouest du port et le plus exposé.

Pendant toute la journée du 11, les galiotes et les frégates ne cessèrent de canonner la ville. Sur le soir, l'ennemi envoya un brûlot contre le fort de Bonne-Espérance, mais Jean Bart était sur ses gardes. Il pointa lui-même, aidé de son fils, les canons du rempart, avec tant de justesse que le brûlot fut coulé avant de produire son effet. A sept heures, l'escadre anglo-hollandaise se retira sans oser continuer le siége, et cette tentative avortée n'eut pas de suites.

Le 17 mai 1696, Jean Bart sortit de la rade de Dunkerque, à dix heures du soir, malgré quatorze vaisseaux hollandais qui en gardaient les passes. Depuis ce jour jusqu'à la fin de mai, il croisa entre le Vlie et le Dogher-Bank sans rencontrer d'ennemis. Le 1er juin, il trouva, à trente-huit lieues au nord du Texel, deux bâtiments danois venant de Fluker, dont les capitaines lui apprirent qu'il y avait à Christiania, en Norwège, une flotte de quarante bâtiments hollandais, et qu'on y en attendait une autre de pareil nombre, venant de la mer Baltique; que ces deux flottes devaient se joindre et faire ensemble voile au Texel, sous l'escorte de sept vaisseaux de guerre, armés de vingt-quatre à soixante canons chacun.

Sur cet avis, et pour rencontrer plus sûrement cette flotte dont la capture pouvait être si importante, Jean Bart prit la résolution changer sa croisière, et alla se poster entre le cap Dernens et le nord du Dogher-Bank.

Le 9 juin, il aperçut à trente lieues au sud-ouest de Dernens deux navires, l'un danois, l'autre suédois, venant du Texel, qui lui apprirent qu'il y avait au Vlie une flotte de deux cents voiles, prête à partir pour la mer Baltique; que huit vaisseaux de guerre, depuis trente jusqu'à quarante canons, auxquels se devaient joindre incessamment quatre grands navires du Texel, avaient ordre de convoyer cette flotte à sa destination.

Ce second renseignement obligea Jean Bart de changer encore une fois sa croisière, et d'aller reprendre la première qu'il avait tenue, c'est-à-dire entre le Vlie et le sud du Dogher-Bank, cet endroit étant le passage indispensable de l'une et de l'autre flotte.

Le 13 juin, il rencontra, à une lieue au nord de Vlie, sept bâtiments danois qui en revenaient, et qui lui confirmèrent la nouvelle de la présence de la flotte qui appareillait pour la mer Baltique.

Le 17, à sept heures du soir, étant à environ seize lieues Nord du Texel, et le vent soufflant de Nord-Nord-Ouest, l'escadre française découvrit à six lieues au vent une flotte qui paraissait très nombreuse, mais dont, à cause de l'éloignement, on ne pouvait discerner la nationalité. Cette flotte suivait la direction du Sud-Sud-Ouest.

Le même soir, et peu d'heures après cette découverte, Jean Bart parla à quelques bâtiments danois, venant de Norwège, qui lui apprirent que cette flotte était celle qui arrivait de la mer Baltique ; qu'elle était composée d'environ quatre-vingts bâtiments marchands, et convoyée par cinq vaisseaux de guerre, trois anglais, depuis cinquante jusqu'à soixante canons, et deux hollandais de trente à quarante.

Sur cet avis, Jean Bart réunit en conseil tous ses capitaines, pour examiner ce qu'il y avait à résoudre. Son sentiment, qui fut également celui des autres officiers, fut d'observer toute la nuit les ennemis, et d'aller le lendemain les attaquer. On convint aussi que sans perdre le temps à se canonner, ce qui donnerait aux bâtiments marchands la faculté de s'évader à la faveur du combat, lui Jean Bart irait aussitôt attaquer bord-à-bord le commandant de l'escorte ; que *Jersey* et le *Mignon* aborderaient les deux autres anglais ; et que l'*Adroit* et le *Comte* exécuteraient la même manœuvre contre les deux navires hollandais. Mais comme, parmi les trois anglais, pouvaient se trouver des navires plus forts que les nôtres, il fut décidé que l'*Alcyon* et le *Milfort* se tiendraient parés pour soutenir l'abordage de celui de nos vaisseaux qui aurait à soutenir une lutte trop inégale.

L'escadre française tint route toute la nuit à la cape, le vent étant toujours Nord-Nord-Ouest, mais faible ; en sorte que les ennemis ayant, toute la nuit, continué leur route au Sud-Sud-Ouest, le lendemain, à la pointe du jour, Jean Bart se trouva à environ deux lieues sous le vent à eux, et à dix lieues du Nord-Nord-Est du Texel.

Deux petits corsaires de Dunkerque vinrent, avant le jour, parler à Jean Bart. Il leur ordonna de le suivre et de se jeter dans la flotte marchande, aussitôt qu'ils le verraient aux prises avec les vaisseaux d'escorte.

Sitôt qu'une éclaircie du jour naissant permit de reconnaître la route des ennemis, Jean Bart fit signal pour prendre l'ordre de bataille indiqué la veille ; et ensuite, pour gagner le vent, il courut deux bordées, l'une à l'ouest, l'autre au nord-est, environ deux lieues chacune ; et à mesure que l'escadre approchait, on put découvrir que l'avis donné par les capitaines Danois n'était pas tout-à-fait juste. Il y avait, à la vérité, cinq vaisseaux d'escorte, mais tous Hollandais, et bien moins forts qu'on ne le supposait.

Jean Bart ayant, par la seconde bordée, gagné le vent aux ennemis, mit le signal d'abordage, et fit vent arrière sur eux, environ à six heures du matin.

Le *Jersey* était en tête de l'escadre ; ensuite venaient l'*Alcyon*, le *Maure*, le *Mignon*, l'*Adroit*, le *Comte* et le *Milfort*.

De leur côté, les ennemis, voyant l'escadre française tomber vent arrière sur eux, se prolongèrent pour couvrir leur flotte, ayant l'amure à tribord. A l'approche de leurs assaillants, ils croisèrent par la contre-marche, et, prenant leurs amures à babord, ils attendirent sous petites voiles, les vaisseaux de guerre à la tête et en ligne, pendant que les bâtiments marchands arrivaient vent arrière, pour s'éloigner à la faveur du combat, comme c'était leur unique rôle.

Leurs vaisseaux de guerre et leur ordre de bataille étaient :

1° Le *Comte de Holme,* de trente-huit canons, commandé par le sieur de Marmart ;

2° Le *Wildam,* de pareil nombre de pièces, commandé par le sieur Sweers ;

3° La *Maison de Ville de Harlem*, de quarante-quatre canons, commandé par le sieur Bokem, qui était, en même temps, chef de l'escorte;

4° Le *Den-Avent*, de vingt-quatre canons, commandé par le sieur Hallowin;

Et 5° Le *Saulsdeock*, de quarante-quatre canons, commandé par le sieur Vandenberg.

Jean Bart choisit pour adversaire le chef d'escadre, et fit gouverner sur lui; mais, comme les ennemis se tenaient fort serrés, il fut obligé, en prenant vent pour prolonger le vaisseau qu'il voulait aborder, de prolonger aussi le *Den-Avent*, auquel il donna, vergue à vergue, toute sa bordée, et fit sur lui un si grand feu de toute sa mousqueterie qu'il le mit hors de combat. Ce vaisseau, quoique petit, se défendit avec une vigueur surprenante, et comme Jean Bart courait toujours de l'avant, il se jeta sur l'arrière et canonna à portée de pistolet. Jean Bart avait fait aussitôt passer sa mousqueterie sur le couronnement et sur la galerie; cette démonstration avait déterminé la capitulation du *Den-Avent*. Il fut amariné par le *Milfort*, qui y mit, pour le commander, M. de Vieux-Champ, lieutenant de vaisseau.

Jean Bart aborda ensuite le commandant hollandais et l'enleva, après une heure de vigoureuse défense. Ce fut un nommé de Flamarton, volontaire anglais, embarqué sur *le Maure* par ordre du roi, qui sauta le premier à l'abordage, suivi de plusieurs officiers et gardes-marine; et quoiqu'il ne dût cet avantage de primauté qu'à la situation où il se trouvait, il sut si bien s'en servir que cela devint un mérite pour lui. — Mais consultons un instant le Rapport du combat du 17 juin au Journal de M. Vergier, intendant de l'armée (Extrait des Archives de la Marine à Versailles), et laissons parler lui-même ce fidèle narrateur sur ce combat dont il fut le témoin oculaire.

« Cet abordage fut fait le 1er, dit-il, et fut fini à neuf heures du matin. Nous eûmes, tant par le feu du petit vaisseau que par celui du gros, quinze hommes tués et seize blessés. D'un autre côté, *le Gerzé*, commandé par M. Doroigne, et *l'Alcyon*, commandé par M. de Saint-Pierre, qui étaient à notre tête, abordèrent et enlevèrent l'un *le Comte de Holmes*, et l'autre *le Wildam*, sans autre accident que la longue résistance que firent ces deux vaisseaux. *Le Gerzé* eut, en cette occasion, cinq hommes tués et dix blessés; *l'Alcyon* eut trois hommes tués et douze blessés. *Le Mignon*, commandé par M. de Saint-Pol et qui était de notre arrière, arriva sur *le Saulsdeock*; mais dans le temps qu'il le prolongeait, ce vaisseau lui donna sa bordée si heureuse-ment qu'il lui coupa sa barre du gouvernail et presque toutes ses manœuvres. Cet accident l'ayant mis hors d'état de gouverner, il ne put accrocher le vaisseau hollandais, et fut obligé de le canonner vergue à vergue pendant une demi-heure; ensuite le vaisseau ennemi, qui avait sur lui l'avantage du gouvernail et des ma-nœuvres, fit ralinguer ses voiles et lui gagna au vent, mais de si près que le beaupré du hollandais se prit dans l'arrière de l'autre; mais *le Mignon*, par le moyen de ses voiles acculées, s'étant retrouvé par le travers de ce vaisseau du côté de babord et sous le vent, lui donna de côté une bordée si à propos qu'il l'obligea d'amener son pavillon; et comme, son pavillon amené, il tira en-core deux coups de canon sur *l'Adroit* qui suivait *le Mignon*, M. de Ville-Luizant lui répondit de toute sa bordée et y envoya sa chaloupe pour l'amariner, étant plus paré pour cela que *le Mignon* à qui il appartenait.

— M. de Ville-Luizant y mit Du Rivant, capitaine de frégate, pour le commander. *Le Mignon* eut, dans cette occasion, quatre hommes tués et dix-huit blessés. M. de Saint-Pol m'a paru fort content de tous les officiers en cette occasion, et surtout du sieur de Vandemes, qui sert sur *le Mignon* en qualité d'enseigne.

« Comme il n'y avait que cinq vaisseaux ennemis, que de ces cinq vaisseaux M. Bart en avait enlevé ou fait rendre deux, et que les trois autres étaient tombés, par leur situation, au *Gerzé*, au *Mignon* et à *l'Alcyon*, il ne resta rien à faire pour *l'Adroit*, pour *le Milfort*, ni pour *le Comte*, et vous croirez aisément, Monseigneur, que ce fut au grand regret de MM. de Ville-Luizant, de la Bruyère et de Renneville qui les commandent.

« Dès que M. Bart fut maître du vaisseau qu'il avait attaqué, et qu'il vit tous les autres rendus, il fit déborder, mit le signal pour donner dans la flotte, et y donna tout le premier, faisant amener les bâtiments à coups de canon, et y envoyant une chaloupe pour les couler ; les autres vaisseaux firent la même chose.

« Lorsque nous avions commencé à faire vent arrière sur les ennemis, on avait averti M. Bart qu'on découvrait à six lieues, vent à nous, une flotte qui paraissait plus nombreuse encore que celle que nous avions attaquée. — A midi, et lorsque nous étions occupés à chasser les bâtiments marchands, il fut averti par les matelots de découverte qu'on ne voyait plus cette flotte, mais qu'il paraissait, à deux lieues au vent à nous, treize gros bâtiments qui semblaient vaisseaux de guerre et qui venaient sur nous vent arrière. — M. Bart les ayant reconnus pour vaisseaux de guerre, entre lesquels il jugea qu'il y en avait cinq au-dessus de soixante canons, les autres de trente-six à cinquante, mit en panne et fit aux vaisseaux de son escadre le signe de cesser la chasse et de se rallier auprès de lui.

« Les capitaines rassemblés, il fut jugé à propos de retirer nos équipages des vaisseaux de guerre hollandais, de mettre tous les équipages prisonniers dans celui de vingt-quatre canons, pour le renvoyer en Hollande, après en avoir encloué les canons et mouillé la poudre, et ensuite de brûler les quatre autres.

« Ce parti était le seul bon à prendre en cette occasion, parce que les vaisseaux hollandais que nous avions pris allant mal naturellement, et étant d'ailleurs fort désemparés du combat, seraient infailliblement retombés entre les mains des ennemis avec une bonne partie de nos équipages qui y avaient été jetés, si nous avions entrepris de les emmener, et que d'ailleurs il y aurait eu une témérité très-dangereuse pour le service à tenter de les défendre et de les soutenir contre une escadre aussi supérieure à la nôtre qu'était celle qui nous chassait, surtout nos équipages se trouvant fort affaiblis par l'amarinage de ces prises.

« Quant au parti de mettre tous les matelots hollan-

Le remède est pire que le mal, se hâte de dire le Prince. (Page 178.)

dais dans le vaisseau de vingt-quatre canons et de les
envoyer en Hollande, c'était aussi une chose indispensable, parce que ces équipages, montant à plus de
mille hommes, auraient consommé presque tous nos
vivres et nous auraient obligés de retourner en France
bien plus tôt que vous ne l'avez destiné. Cette résolution
prise, chacun s'en retourna à son bord pour l'exécuter.

« Cependant l'escadre ennemie tombait toujours sur
nous vent arrière; mais quand elle fut environ à demi-
lieue au vent à nous, elle mit en panne comme pour
être témoin de l'incendie de leurs vaisseaux, mais appa-
remment pour tenir conseil sur ce qu'ils avaient à faire.
Cette mauvaise manœuvre nous donna le temps d'exécuter ce qui avait été résolu. Nos équipages furent retirés
des prises. Les Hollandais furent mis dans le petit
vaisseau, à l'exception des officiers majors et d'environ
deux cent trente matelots qu'on n'eut pas le temps ou
qu'on ne put y transporter à cause de leurs blessures, et
le feu fut mis aux quatre autres vaisseaux de guerre.

« Dès que les ennemis s'aperçurent que nous brûlions
leurs vaisseaux, ils firent servir et recommencèrent à
chasser sur nous à toutes voiles; mais M. Bart et toute
son escadre resta toujours en panne jusqu'à ce qu'il vît
les quatre vaisseaux consumés; ensuite il fit servir,

portant au ouest-sud-ouest avec ses deux huniers seulement, et se retira ainsi devant les ennemis qui avaient toutes leurs voiles dehors.

« Je ne prendrai pas le soin, Monseigneur, de vous marquer plus fortement la hardiesse de cette manœuvre. Le récit le plus simple suffit pour le faire connaître.

« Les ennemis nous suivirent toute la nuit; mais, à la pointe du jour, nous ne découvrîmes plus que trois de leurs vaisseaux, à plus de cinq lieues de l'arrière de nous, et, sur les six heures du matin, on n'en vit plus du tout. Ils ont perdu en cette occasion environ quarante bâtiments, y compris les vaisseaux de guerre et plusieurs flûtes, que les deux petits corsaires de Dunkerque ont prises ou brûlées.

« Tous ces bâtiments étaient chargés de planches, de goudron, de chanvre, de blé et autres marchandises du Nord, et comme nous ne nous attachâmes qu'à brûler les plus gros, je ne doute point que la perte n'aille à deux millions au moins pour les Hollandais.

« De toute cette flotte, il ne s'en serait peut-être pas sauvé deux bâtiments sans l'arrivée de la seconde escadre qui, comme j'ai eu l'honneur de vous le dire, fit cesser notre chasse environ deux heures après que nous l'eûmes commencée.

« Les Hollandais ont aussi perdu en cette occasion le sieur Bokem, capitaine de vaisseau commandant l'escadre, et le sieur Hallowin, capitaine commandant *le Den-Avent;* ils ont eu de blessés le sieur Marmart, et le capitaine commandant *le Wildam,* l'un d'un coup de mousquet à la poitrine et l'autre d'un éclat de grenade à la jambe. Quant à la perte qu'ils ont faite de matelots et gens d'équipage, nous n'avons pu le savoir à cause du peu de temps que leurs vaisseaux ont resté entre nos mains ; mais, s'il est permis d'en juger par le nombre de leurs blessés, il faut qu'elle ait été grande, puisque nous avons embarqué dans nos vaisseaux plus de cent de leurs blessés, et qu'il y en eut autant encore qui furent renvoyés en Hollande dans la petite prise.

« De notre côté, nous avons eu de tués les sieurs Chevalier de Cargrais, capitaine en second sur *le Maure;* de Bauchart, capitaine de frégate, servant sur *le Gerzé;* du Fremet, sous-brigadier de garde-marine sur *l'Alcyon*; et vingt-sept matelots ou soldats sur tous les vaisseaux. — Le sieur du Conseil, lieutenant de vaisseau, a été légèrement blessé à la jambe; les sieurs d'Estapes et Jouan, gardes-marine, l'ont été aussi, le premier à la tête et le second assez dangereusement d'un coup de mousquet dans les reins ; à l'égard des matelots et soldats, nous en avons eu sur tous les vaisseaux cinquante-six blessés.

« Si je ne vous marque rien en particulier, Monseigneur, touchant ce que les officiers ont fait en cette occasion, c'est que tous ceux qui se sont trouvés en place à se distinguer s'y sont si bien et si également comportés qu'on ne peut rien dire de l'un qui n'appartienne également à l'autre.

« Le 19 juin, nous fîmes route pour aller reprendre la croisière d'Euss-Dernens et le nord du Dogher-Bank.

« Le 28 juin, étant à vingt-quatre heures du nord-est de Dernens, nous rencontrâmes quatre bâtiments danois allant à Newcastle, sur lesquels nous mîmes les officiers hollandais et une partie des matelots prisonniers qui nous étaient restés. Je leur fis donner pour dix jours de vivres, qui est ce que M. Bart jugea qu'il leur fallait pour leur traversée ; et si ces bâtiments avaient été assez grands pour recevoir le reste, nous l'y aurions mis, soit pour épargner les vivres qu'ils nous consommèrent, soit pour débarrasser nos vaisseaux.

« Ces bâtiments nous apprirent que la grande flotte que nous découvrîmes le 18 juin, dans le temps que nous arrivions sur elle, était la flotte du Vlie, et que l'escadre de treize vaisseaux qui nous chassa ce jour-là était une partie de son convoi qui, au bruit de notre canon, s'était détachée pour courir sur nous pendant que la flotte du Vlie, escortée encore par quatre vaisseaux de guerre restés avec elle, avait continué sa route dans la mer Baltique. **La force de ce convoi est une preuve des effets que produit chez les ennemis une escadre commandée par M. Bart, quand ils la savent à la mer.**

« Le 1er juillet, étant à douze lieues au large de la mer de Norwège et le vent étant propre pour y relâcher, M. Bart prit la résolution d'y aller. Plusieurs raisons l'obligèrent à prendre si tôt ce parti : la première, que quelques-uns de nos vaisseaux commençaient à manquer d'eau ; la seconde, que le nombre de nos malades augmentait tous les jours, et que leurs rafraîchissements étaient sur leur fin dans presque tous les vaisseaux ; et la troisième, parce qu'étant nécessaire d'y relâcher tôt ou tard, il était à propos de le faire pendant ce mois où il n'y a rien à espérer à la mer, pour pouvoir la tenir dans le mois d'août, qui est le retour de plusieurs flottes ennemies.

« Le 2 juillet, nous apprîmes sur la côte de Norwège que l'escadre qui nous avait chassés le 18 juin, forte de treize vaisseaux hollandais, l'un de soixante-seize canons, cinq au-dessus de soixante, le reste, depuis trente-six jusqu'à quarante, et un brûlot, croisait du côté de Fleker.

« Sur cet avis, M. Bart prit le parti de relâcher à Concalf au lieu de Flecker, où il avait dessein d'aller, d'autant que, par la situation des lieux, avec peu de précautions, nous pouvions mettre ici nos vaisseaux hors d'insulte, quelque entreprise que pussent tenter les ennemis ; au lieu qu'à Flecker, où à la vérité nous aurions eu beaucoup plus de commodités pour prendre les vivres et les rafraîchissements dont nous avions besoin, ils auraient pu nous insulter aisément, quelques précautions que nous ayons pu prendre.

« Et enfin, hier, 5 juillet, nous entrâmes en ce port à huit heures du soir.

« Voilà, Monseigneur, un récit de notre navigation le plus exact que j'ai pu, et dans lequel je souhaite que vous trouviez quelque chose qui vous soit agréable, c'est-à-dire qui soit utile au service du roi et conforme à ses intentions. — Pour ce qui me regarde, Monseigneur, j'ai donné toute mon attention à faire observer un bon ordre dans les choses qui sont de mon inspection.

« Ce matin, à la pointe du jour, nous avons mis à terre tous les prisonniers qui nous restaient ; je leur ai fait donner pour deux jours de vivres, et ils ont été renvoyés à Christianod, où l'on nous a dit qu'il y avait quelques vaisseaux hollandais qui pourront les recevoir. Il s'est trouvé, parmi ces prisonniers, plusieurs Flamands de Dunkerque, que les Hollandais retenaient malgré eux, et quelques Italiens qui ont demandé à rester sur nos vaisseaux ; je les ai retenus, et je les ai donnés en remplacement à ceux de nos vaisseaux qui ont le plus perdu de monde.

« Il y a dans toute l'escadre cent quatre-vingts malades, soit de fièvre, soit de scorbut ; je les ai fait mettre à terre aujourd'hui, partie dans une maison, partie sous des tentes, et tous les ordres sont donnés pour qu'ils ne manquent pas de rafraîchissements.

« Nous avons appris que les Anglais ont sur le Dogher-Bank une escadre de quinze vaisseaux ; il y a bien de l'apparence que c'est pour nous qu'elle y croise.

« M. Rémy, consul de la nation française à Christianod, et qui a vu l'escadre qui nous chassa le 18 juin, dit qu'elle était composée de deux vaisseaux de soixante-douze canons, d'un de soixante-six, deux de soixante-quatre, trois de cinquante, un de quarante-six, un de quarante-quatre, un de quarante et un de trente-six ; et que les quatre vaisseaux qui étaient restés avec la flotte du Vlie étaient un de trente-huit canons, un de trente-quatre et deux de trente-six.

« Je suis avec un profond respect, Monseigneur, votre très-humble et très-obéissant serviteur,

                              « VERGIER. »

Ces détails sont très-importants, en ce qu'ils jettent une vive lumière sur le combat du 18 juin, qui fut si diversement apprécié par les différents écrivains qui s'en sont occupés, surtout sur la retraite de Jean Bart devant l'escadre hollandaise, retraite qui donna lieu à tant de faux bruits indignes de la haute réputation de ce brave et courageux marin.

Voici la relation de cette affaire par Jean Bart lui-même : nous voyons, dans le Rapport adressé au Ministre de la Marine, combien il se préoccupe des bruits que pourrait faire courir sa retraite, car sa dernière phrase est une justification de cette même retraite.

Relation de Jean Bart du combat du 18 juin 1696.

                « A Concalf, le 5 juillet 1696.

     « Monseigneur,

« Après trente et un jours de croisière sans rien trouver, je joignis, le 18 juin, une flotte hollandaise que j'attendais depuis quinze jours, sur les avis que j'en avais eus à la mer. Elle était d'environ quatre-vingts bâtiments marchands escortés par cinq navires de guerre, dont il y en avait deux de quarante-quatre canons, deux autres de trente-huit, et un de vingt-quatre pièces. Je les attaquai, et j'eus le bonheur d'enlever les cinq convois, après un combat très-opiniâtre. J'eus quinze hommes de tués, dont M. de Carguères a été du nombre, et quinze blessés, entre lesquels il y a cinq ou six estropiés.

« Chaque capitaine vous rendra compte de la part qu'il y a eue, et de la conduite de ses officiers. Pour ce qui me regarde en particulier, après avoir fait rendre celui de vingt-quatre pièces par le canon et la mousqueterie, j'enlevai le commandant à l'abordage, qu'il ne me refusa pas, et ensuite je donnai dans la flotte avec l'escadre où il y eut vingt-cinq grosses flûtes, de cinq, six à sept cents tonneaux, chargées de mâts, blé ou goudron, des prises desquelles j'en pris neuf pour ma part, et les autres furent prises par les autres vaisseaux de l'escadre. J'aurais détruit toute la flotte sans une escadre de douze vaisseaux de guerre hollandais qui ont été témoins de notre combat, et qui étaient à notre vue avant que nous eussions attaqué. Comme elle m'était fort supérieure en nombre et en grosseur, et qu'elle avait vent

arrière sur moi avec un bon frais, et que je ne pouvais
pas, sans compromettre beaucoup les armes du roi, entreprendre et soutenir contre cette escadre, je fus obligé
de faire brûler toutes nos prises marchandes, aussi bien
que les quatre vaisseaux de guerre, et je donnai celui de
vingt-quatre canons, après avoir encloué et mouillé les
poudres, pour reporter les prisonniers en Hollande, qui
m'auraient fort embarrassé, si j'avais été obligé de livrer
un second combat, et qui m'auraient d'ailleurs consommé tous mes vivres. Tout cela fut exécuté avec tant de
diligence et si à propos que les ennemis n'étaient qu'à
deux portées de canon de moi, lorsque je commençai à
faire servir.

« Comme tout le reste de la flotte s'est trouvé séparé
et sans convoi, je ne doute pas, Monseigneur, que les
Câpres de Dunkerque n'aient achevé de la détruire ; et
il y en eut deux qui donnèrent dans la flotte, d'abord que
je commençai le combat, lesquelles je couvris par ma
manœuvre avec toutes leurs prises pendant tout le temps
que les ennemis me chassèrent, qui fut jusqu'à la nuit.
Ainsi je compte que cette flotte, qui était de très-grande
conséquence pour les ennemis, sera presque toute prise
par nos Câpres qui croisaient à l'ouverture du Texel,
dont je n'étais qu'à quatre lieues et demie.

« M. Vergier, qui a été témoin de tout ce qui s'est passé, vous envoie, à ce qu'il m'a dit, une relation très-exacte et plus détaillée que ma lettre ; ainsi, je remets à mon retour à vous informer de tout le détail de ma campagne. Il me reste à vous marquer la satisfaction que j'ai de la valeur et bonne conduite de tous Messieurs les capitaines, en cette occasion.

« Je n'ai pu, Monseigneur, vous écrire plus tôt faute d'occasion ; j'ai relâché à Concalf, où l'on travaille avec toute la diligence possible à nous faire de la bière, et j'en partirai aussitôt qu'elle sera faite. J'acquis avis qu'il y a quinze navires anglais, depuis soixante jusqu'à quarante canons, commandés par un vice-amiral Blen, qui croisait pour moi entre le Dogher-Bank et le Vlie ; c'est par un capitaine marchand, qui a été à leur bord, que j'ai appris cette nouvelle ; aussi cela est certain.

« J'ai appris aussi par le sieur Rémy, consul à Vleker, que les douze vaisseaux de guerre qui nous ont donné chasse le jour du combat étaient venus mouiller à trois lieues dudit port, après avoir conduit une grande flotte jusqu'a l'entrée du Sund, dans l'espérance de me joindre, puisqu'ils ont tenu une frégate sous voile pendant les trois jours qu'ils ont resté mouillés. Il m'a donné l'état de leurs forces, que je vous marque.

« C'est, savoir :

> « Deux vaisseaux de 72 canons,
>
> « Un autre de 66,
>
> « Deux autres de 64,
>
> « Trois autres de 50,
>
> « Deux autres de 46,
>
> « Un autre de 40,
>
> « Un autre de 34.

« Ainsi vous verrez, Monseigneur, par ce Mémoire, que je n'aurais pas eu affaire à partie égale.

« Je suis avec un très-profond respect, Monseigneur, votre très-humble et très-obéissant serviteur,

> « Le chevalier BART. »

(Archives de la Marine à Versailles).

Ce fut à la suite de cette fameuse campagne que Jean Bart fut enfin nommé Chef d'escadre ; cette promotion bien méritée, après tant de services rendus à la France, réalisa la prédiction du marin Sauvet, vieux serviteur et compagnon de Jean Bart, « que son jeune M. Jean serait peut-être un jour amiral comme Ruyter. » Voici la provision de ce grade :

« Louis, par la grâce de Dieu, etc., notre cher et bien aimé le chevalier Bart, capitaine de vaisseau, nous a

rendu, pendant plusieurs années, des services si impor-
tants, et les prises qu'il a faites sur nos ennemis, avec
tant de valeur et de bonne conduite, ont été si utiles au
bien de notre État pendant la cherté des vivres qu'après
lui avoir donné divers commandements d'escadre de
nos vaisseaux dans la mer du Nord, dont il s'est acquitté
avantageusement pour la gloire de nos armes, il est
juste de joindre, aux fonctions de Chef d'escadre qu'il a
si bien remplies, la qualité et les avantages qui en dé-
pendent ; à ces causes, nous avons icelui chevalier Bart
commis et commettons Chef d'escadre de la province de
Flandres, à la place du sieur marquis Laugevon, que
nous avons fait Lieutenant-Général, pour, sous l'autorité
de notre très-cher et bien-aimé fils Louis-Alexandre
de Bourbon, comte de Toulouse, amiral de France, etc.

« 1er avril 1697. »

(*Archives de la Marine.* — Dunkerque, rayon 63).

En lui envoyant le titre de Chef d'escadre, le roi avait
donné l'ordre à Jean Bart d'armer sept vaisseaux de
guerre, qui étaient à Dunkerque, et de se tenir prêt à partir.

La Pologne venait de perdre un des plus grands rois
qu'elle eût jamais eu : Jean Sobieski était mort le
17 juin de l'année précédente.

Plusieurs prétendants à la couronne de Pologne se présentèrent : le prince de Conti ; Frédéric-Auguste, électeur de Saxe ; Jacques, fils de Jacques II, roi d'Angleterre ; le prince Charles de Neubourg, frère de l'Électeur Palatin ; Léopold, duc de Lorraine ; Louis, prince de Bade ; et Livio Odeschalchi, neveu du pape Innocent XI. Les suffrages du champ électoral ne se trouvèrent partagés qu'entre le prince de Conti et Frédéric-Auguste. Le primat du royaume favorisait le prince de Conti.

Louis XIV, qui avait la guerre à soutenir contre ses voisins, ne se pressait pas de fournir au prince les secours qui lui étaient nécessaires pour monter sur le trône de Pologne ; mais le primat écrivit à Sa Majesté d'une manière si pressante qu'il se détermina à envoyer le prince en Pologne. Elle manda à Jean Bart qu'elle confiait son parent à sa prudence et à ses soins, et de se tenir prêt à le conduire en Pologne. Le prince arriva le 3 septembre à Dunkerque, accompagné des chevaliers de Sillery, de Lauzun et d'Angoulême, portant avec lui huit cent mille livres en or, pour un million de pierreries et pour deux millions de lettres de change. Il s'embarqua, le 6 au soir, sur l'escadre de Jean Bart, composée de six vaisseaux et d'une frégate.

Le port de Dunkerque était bloqué par les flottes

anglaise et hollandaise ; il fallait passer à travers dix—
neuf vaisseaux de guerre qui s'opposaient à son passage.
Cette mission était si périlleuse, et son exécution dé-
pendait tellement de l'habitude qu'avait Jean Bart de
surmonter ces sortes de dangers, qu'il fut impossible au
cabinet de lui rien prescrire à ce sujet, et que M. de
Pontchartrain ne lui donna aucune instruction. Il lui
envoya seulement une lettre du roi, qui lui ordonnait
très succinctement de transporter M. le prince de Condé
à Dantzick.

Ce fut donc le 6, à minuit, par un vent favorable, que
Jean Bart mit à voile.

La nuit était sombre, Jean Bart surveillait la manœuvre, tandis que les canonniers, la mèche à la main,
se tenaient à leurs pièces dans la batterie dont les
abords étaient soigneusement fermés.

Le 7, la légère escadre avait traversé un des points de
croisière les plus dangereux de la mer du Nord ; le soir,
elle passait devant Ostende ; elle venait d'échapper à un
premier danger.

Au point du jour, elle rencontra deux autres vaisseaux à voiles, et neuf mouillés entre la Meuse et la
Tamise ; la figure impassible de Jean Bart ne trahit
aucune émotion. Lorsque la vigie annonça du haut de la

hune ces forces imposantes, il fit battre le branle-bas de combat, et continua fièrement sa route ; pendant quatre heures, l'escadre fut chassée par l'ennemi ; mais telles étaient les dispositions de l'habile marin que pas un des navires ne resta en arrière.

A une heure de l'après-midi, Jean Bart s'aperçut qu'il gagnait de vitesse sur les vaisseaux ennemis. Deux heures après, ils étaient hors de vue.

Le prince de Conti, qui n'avait pas un instant soup-çonné le danger, monta alors sur le pont :

— S'ils nous avaient attaqués, dit-il à Jean Bart, ils n'auraient pu nous prendre.

— Certainement, cela était impossible, dit Jean-Bart avec sang-froid.

— Comment, impossible?

— Assurément. J'aurais fait sauter les poudres plutôt que de nous rendre. Tout était paré à cet effet, Prince. Et, comme preuve à l'appui, Jean Bart saisit une mèche allumée à proximité d'un baril de poudre.

— Le remède est pire que le mal, se hâta de dire le Prince au comble de l'effroi ; je vous défends d'en faire usage tant que je serai sur votre vaisseau.

La flotte arriva, le 10 au matin, entre le cap Erneuse en Norwège et le Velekeren. La frégate, qui était commandée par M. de Nogent, reprit la route de France pour porter au roi des nouvelles du voyage, et lui annoncer que le prince était hors de danger.

Le 13, Jean Bart mouilla près d'Elsenzem ; le 14, à cinq heures du soir, il passait devant le château de Pronembourg, qui commande le détroit du Sund. Le roi, la reine de Danemark, les princes et toute la cour se trouvaient sur la terrasse du bastion pour voir passer Son Altesse.

La flotte fut obligée, pour suivre sa route, de s'en approcher à deux portées de fusil. Après les salves ordinaires de part et d'autre, le prince de Conti fit saluer Leurs Majestés de quinze coups de canon, auxquels le château répondit par neuf. — L'escadre resta deux jours devant Copenhague, en partit le 17, et arriva le 26 dans la rade de Dantzick, après plusieurs bourrasques qui contrarièrent sa route.

Plusieurs évêques et grands seigneurs allèrent saluer le prince de Conti, et lui promirent leurs voix pour l'élection qui allait avoir lieu.

Le 15 octobre, on tint une assemblée générale à Olivia ; mais il ne s'y passa rien qui répondît aux espérances du prince. Il vit qu'il lui faudrait dépenser des sommes considérables, répandre aussi beaucoup de sang, et pour ne pas obtenir, peut-être, la couronne qu'il ambitionnait. Il prit donc le parti de revenir en France, et d'y attendre patiemment le résultat de l'élection. Il remonta sur l'escadre de Jean Bart, qui mit aussitôt à la voile, et arriva à Dunkerque le 10 décembre 1697.

L'Électeur de Saxe, qui avait réussi à mettre dans ses intérêts le primat de Pologne, fut proclamé roi sous le nom d'Auguste II.

Toutes les puissances belligérantes, fatiguées de faire la guerre, conclurent le traité de paix de Ryswik. La France reconnut le prince d'Orange roi d'Angleterre, sous le nom de Guillaume III.

Jean Bart profita de la paix pour se reposer, au milieu de sa famille, des fatigues qu'il essuyait depuis un temps considérable. Il allait des semaines entières chez Nicolas Bart, curé de Drinkam, dans la châtellenie de Bergue-Saint-Vinoc, et son proche parent. Il lui disait, en arrivant : « Cousin, je viens passer quelques jours avec vous, mais à la condition que je ne vous serai pas à charge ; c'est moi qui fais la dépense ici : vous aurez bouche à cour. »

Le curé de Drinkam était un homme de mérite. Il mourut, en 1720, âgé de soixante-huit ans, supérieur du séminaire de Bergue. Jean-Bart l'aimait et l'estimait comme un père.

La guerre s'étant rallumée en 1702, au sujet de la Succession d'Espagne, Louis XIV, qui s'attendait à voir l'Allemagne, l'Angleterre, la Hollande se réunir contre lui, fit les préparatifs nécessaires pour se défendre et placer son petit-fils sur le trône d'Espagne.

Il envoya ordre dans chaque port d'armer tous les vaisseaux qui s'y trouvaient. Sa Majesté chargea Jean Bart d'armer une escadre qui était à Dunkerque, et d'en prendre le commandement ; il lui envoya en même temps un vaisseau de soixante canons, *le Feudant*, nouvellement construit au Hâvre.

Bien que le sort de la guerre ne dût pas être porté dans le Nord, on y envoya Jean Bart, pour croiser dans ces mers, vers le commencement de 1702.

Ce fut au retour d'une de ces croisières que Jean Bart mourut à Dunkerque, le jeudi 27 avril 1702, à l'âge de cinquante-deux ans.

Quatorze ans avant, la France avait perdu l'immortel Du Quesne, mort le 1er février 1688, à l'âge de soixante-dix-huit ans !

Après la paix d'Alger, Gênes devait avoir son tour ;

elle avait secouru les Barbaresques, entretenu des correspondances avec tous les ennemis de la France, refusé le passage aux sels que Louis XIV envoyait dans le Mantouan. Du Quesne reçut donc l'ordre d'aller châtier les Génois (1684), et il les traita comme des pirates : il fit de leur ville un monceau de ruines, s'empara d'un faubourg, et contraignit le doge à venir chercher son pardon à Versailles.

Ce nouveau triomphe termina sa carrière maritime ; désormais, Du Quesne ne servit plus sa patrie que par ses conseils. Colbert les avait toujours recherchés ; son fils Seignelay ne put s'en passer. Du Quesne avait opéré une révolution dans la marine. Avant lui, le plus fort de nos vaisseaux ne portait que 60 canons ; il en éleva la force jusqu'à 100. C'est à lui qu'on dut des évolutions plus savantes, une discipline plus sévère, l'agrandissement des arsenaux, la construction des bassins, le régime des classes. On assure que, vers cette époque, il fut encore sollicité d'acheter par sa conversion au Catholicisme le bâton de maréchal ; mais il fut plus opiniâtre que le vainqueur des Dunes, que le conquérant du Palatinat. Il se retira dans sa famille, au Bouchet, près de sa femme et de ses quatre fils. Il ne reparaissait à la Cour que lorsqu'il avait à recommander quelques anciens compagnons de gloire : il importunait alors les ministres, et sa plus grande joie était de leur arracher des récompenses pour ses officiers et ses élèves. Cependant, sa vieillesse était tourmentée par d'amères pensées : il pressentait les persécutions qu'allait subir le Calvinisme. L'avenir de ses enfants le troublait. Il résolut de leur assurer un asile en achetant la terre d'Aubonne, près de Berne, dont les magistrats lui accordèrent droit de bourgeoisie. Le roi, informé de cette acquisition, lui en demanda le motif. « Sire, répondit Du Quesne, j'ai voulu m'assurer un « bien dont ne pût me dépouiller la volonté d'un « maître ». Le royal esclave de Madame de Maintenon garda le silence. C'était beaucoup qu'il n'en fût point offensé, lui qui avait trouvé plus orthodoxe de faire un marquis qu'un maréchal! Du reste, disons à la louange de Du Quesne qu'il ne signa jamais son titre, mais simplement son nom. Nous ne croyons pas que l'on doive ajouter à la louange de Louis XIV qu'il l'excepta des rigueurs amenées par la révocation de l'Édit de Nantes; la moindre vexation contre cet illustre marin eût entraîné un cri général de protestation, et le roi s'en rendait compte.

Après sa mort, ses fils abandonnèrent la marine de

France pour se réfugier en Suisse. Henri, l'aîné, porta le cœur de son père à Aubonne, et celui qui avait élevé au premier rang la marine française n'obtint pas même, à cette époque, un mausolée dans sa patrie. Cette injustice criante a été réparée de nos jours : en 1844, Dieppe lui a élevé une statue, œuvre remarquable de Dantan.

Le roi fut pénétré de douleur, lorsqu'il reçut la nouvelle de la mort de Jean Bart. Le bruit s'en répandit bientôt dans toute l'Europe. Partout, elle causa une tristesse générale : les ennemis même rendaient à son mérite le tribut d'éloges qui lui était dû. Tous les habitants de Dunkerque, dont l'immortel corsaire était la gloire, versèrent des larmes sur son tombeau.

Jean Bart fut enterré dans la grande église de sa ville natale ; on voit encore aujourd'hui son épitaphe, au second pillier en entrant, à main gauche. Elle est ainsi conçue :

« Cy gît messire Jean Bart, en son vivant Chef d'escadre des armées du roi, chevalier de l'ordre militaire de Saint-Louis, natif de cette ville de Dunkerque, décédé le 27 avril 1702, dans la cinquante-deuxième année de son âge, au service de Sa Majesté ; et Marie-

Jacqueline Rugghe, sa femme, aussi native de cette ville, qui mourut le 5 février 1719, âgée de cinquante-cinq ans. »

Cette épithaphe aussi simple, pour un homme qui recueillit autant de gloire, rappelle les simples et concises inscriptions des tombeaux spartiates ou athéniens : « Ici gît Eschyle, fils d'Euphorion, qui combattit à Salamine et à Marathon pour le salut de sa patrie. »

Louis XIV donna une preuve authentique du cas particulier qu'il faisait de la mémoire du célèbre corsaire : Sa Majesté fit délivrer à sa femme et à ses enfants une pension de deux mille livres.

Le brevet en est conçu en ces termes :

Brevet de deux mille livres de pension pour la dame Bart et ses enfants.

« Aujourd'hui, deuxième du mois de mai 1702, le roi étant à Marly, voulant gratifier et favorablement traiter dame Marie-Jacqueline Rugghe, veuve du sieur Bart, vivant Chef d'escadre des armées navales de Sa Majesté, les sieurs Bart, Jean-Louis-Ignace Bart, et les demoiselles Jeanne-Marie Bart, Magdeleine-Marie Bart, Marie

Françoise Bart, et M. Bart, tous enfants du dit sieur Bart et de la dite dame Marie-Jacqueline Rugghe ; en considération des services du dit feu sieur Bart, Sa Majesté leur a accordé et fait don de 2,000 livres de pension annuelle, et qu'elle veut leur être payée leur vie durant sur les simples quittances de ladite veuve, par les gardes de mon trésor royal, présents et à venir, à commencer de cejourd'hui, et après sa mort auxdits enfants, par accroissement aux survivants ; et en cas que ladite veuve se remarie, Sa Majesté veut qu'elle en soit privée, et que lesdits enfants jouissent entièrement de ladite somme ; et pour témoignage de sa volonté, Sa Majesté m'a commandé de lui expédier le présent brevet, qu'elle a voulu signer de sa main, et être contresigné par moi, conseiller secrétaire d'État et de ses commandements et finances.

« *Signé :* LOUIS.

« Et plus bas :

« PHELYPEAUX. »

C'est au seul nom de Bart que Louis XIV accordait ses bienfaits, puisqu'il voulait que sa veuve en fût privée si elle venait à le changer.

Jean Bart était grand, bien pris dans sa taille, avait

l'air robuste, et semblait être fait pour résister aux fatigues de la mer. Tous ses traits étaient bien formés : il avait la physionomie agréable, le teint très beau ; ses yeux étaient bleus, grands et bien fendus ; ses cheveux étaient blonds (1).

Jean Bart était actif, vigilant, toujours prêt à agir ; le repos l'ennuyait. Ces qualités étaient soutenues par une valeur et un courage à toute épreuve, mais toujours guidées par la prudence. Il bravait les dangers lorsque la nécessité l'y obligeait, et les évitait lorsqu'il n'en pouvait retirer ni profit, ni gloire. On le vit plusieurs fois passer au travers des flottes ennemies, assemblées pour l'arrêter ; avec des forces beaucoup inférieures à ces flottes redoutables, il enleva les vaisseaux marchands et les vaisseaux de guerre chargés de les escorter.

L'expédition qu'il fit en 1694 répandit la joie dans toute la France, désolée par la famine ; aussi, le nom de Jean Bart était-il devenu, pour les Anglais et les Hollandais, un véritable épouvantail. Son usage était d'essuyer la bordée de l'ennemi, de ne lâcher la sienne qu'à

____

(1) La ville de Dunkerque a fait élever, de nos jours, un superbe monument à Jean Bart. Le héros est représenté dans son costume d'amiral : d'une main il tient son épée, qui menace les Anglais, de l'autre un porte-voix. Cette statue est due au célèbre David (d'Angers).

la portée du pistolet, et de monter aussitôt à l'abordage. Une mort prématurée l'a enlevé à la gloire qui l'attendait encore ; mais la gloire l'a vengé, car elle lui a donné l'immortalité.

François Bart, fils aîné de Jean Bart, marcha sur les traces de son père dans presque tous ses combats ; il se trouva à onze abordages avec lui, et à huit après sa mort, ce qui fait dix-neuf. Il n'a peut-être jamais existé d'officier de marine qui ait tant de fois exposé sa vie. Il mourut, le 25 novembre 1755, vice- amiral.

On peut dire que la valeur était naturelle dans la famille des Bart. Gaspard Bart, frère de Jean Bart, se distingua dans la marine de Dunkerque par un nombre considérable de prises qu'il fit sur les Anglais et les Hollandais, et son fils l'imita. Son petit-fils, Pierre Bart, marcha sur leurs traces et eut une fin glorieuse. En voici les détails, tels que nous les a fournis un officier de marine, témoin oculaire du combat :

En 1759, la cour donna à Pierre Bart le commandement de deux frégates de Dunkerque, *la Danaé* et *l'Harmonie*, et le chargea d'aller porter des vivres à Donisbourg, capitale de l'Ile Royale, située à l'embouchure du fleuve Saint-Laurent, et que les Anglais se disposaient à assiéger.

Pendant qu'il faisait l'armement, plusieurs pêcheurs lui donnèrent avis que les Anglais, instruits de son projet, se disposaient à lui barrer le passage avec des forces bien supérieures; il continua néanmoins ses préparatifs; mais lorsqu'ils sont faits, il vient à la cour représenter au ministre qu'il y a du danger à exposer deux vaisseaux qui, n'étant armés que moitié en guerre, ne pouvaient résister aux forces que les Anglais préparaient contre eux. Un capitaine de vaisseau qui était présent dit alors au ministre : « Si M. Bart trouve tant de difficultés dans cette opération, mon neveu s'en chargera à sa place. »

— « Parce que, sans aucun doute, vous n'osez vous en charger vous-même? » répliqua Pierre Bart.

Le capitaine ne répondit rien à ce propos, qu'il s'était si imprudemment attiré.

Le ministre dit à Bart :

— « Partez, Monsieur; le roi a confiance dans vos talents, il espère que vous réussirez. »

Pierre Bart partit avec ses deux frégates, *la Danaé* et *l'Harmonie*; il monta *la Danaé* avec son fils Gaspard.

Lorsqu'ils furent arrivés en vue du Doger-Bank, une frégate anglaise et un gros vaisseau de la même nation l'attaquèrent en même temps. L'officier qui commandait *l'Harmonie* prit la fuite et se réfugia dans le port d'Ostende. Pierre Bart, soutenu par son courage, résolut de combattre et de soutenir la gloire de son nom ; mais, à la seconde bordée que lui tira la frégate anglaise, il eut la jambe fracassée ; il vint rouler aux pieds de son fils. Comme celui-ci ordonnait qu'on transportât son père dans l'entrepont :

— Mon fils, dit Pierre Bart, laissez-moi ici, je veux commander tant que j'aurai un souffle de vie ; quand je serai mort, vous prendrez ma place ; mais souvenez-vous de soutenir l'honneur du pavillon français et celui de notre famille !

A peine avait-il achevé ces mots qu'il expira. Aussitôt, son fils prit le commandement à sa place ; mais il fut tué peu de temps après, dans la chaleur du combat. La frégate française se rendit, après s'être défendue pendant six heures. Les Anglais rendirent les honneurs funèbres au père et au fils, qui les avaient forcés de les admirer. Ils rendirent justice à un courage digne d'un meilleur sort.

APPENDICE

VOCABULAIRE NAVAL DES TERMES DE MARINE

ABATTRE EN CARÈNE. Pour *radouber* leurs bâtiments, les anciens les traînaient sur la plage, opération
que rendait facile la construction plate de leurs navires.
Dans les temps modernes, on a réparé les navires en les
couchant sur un côté, puis sur l'autre, ce qui s'appelle
abattre en carène. Les ouvriers, établis sur un radeau,
changeaient les pièces de bois défectueuses et repas-
saient le *calfatage.* Depuis moins d'un siècle, on a construit des bassins fermés par des portes, comme les écluses
des canaux. A la marée haute, on y amène le vaisseau
qui a besoin de réparations. Il y reste à sec, étayé de
toutes parts. Quand la mer se retire, les portes se re-
ferment, et les ouvriers peuvent travailler à l'aise. Dans
les ports de la Méditerranée, qui ne ressent pas le mou-

vement des marées, on épuise l'eau des bassins au moyen de pompes mises en jeu par des machines à vapeur.

AGRÈS. Nom collectif qui exprime l'assemblage des poulies, cordages, voiles et vergues qui sont nécessaires à un vaisseau pour qu'il soit susceptible d'être mû à l'aide du vent. Les mâts *seuls* ne sont pas compris sous cette dénomination ; mais les haubans, les étais et les autres manœuvres, dormantes ou courantes, n'en sont pas exceptés.

AIGUADE. Source d'eau douce, située au bord de la mer, et qui peut facilement servir aux approvisionnements d'un navire en cours d'expédition.

AIRE, Vitesse d'un vaisseau. Avoir de l'*aire*, c'est avoir de la vitesse. On *donne de l'aire,* ou on l'*amortit*.

AMARINER un vaisseau, une prise, c'est en prendre possession lorsqu'il a été forcé de se rendre, soit après un combat, soit parce qu'il a été enveloppé par des forces supérieures. Amariner un homme, un équipage, c'est l'habituer à la mer et à tous les travaux de la navigation.

AMARRE. Cordages ou chaînes employés à maintenir un objet dans le même lieu, comme une manœuvre, une embarcation. D'où le verbe *amarrer*.

AMATELOTTER. Accoupler des matelots à bord d'un

navire. D'où le mot *matelotage*, qui signifie association. camaraderie de marins.

AMENER. Faire descendre des vergues, abaisser une portion de la mâture, descendre le pavillon.

AMOLETTES. Trous pratiqués à la tête des *cabestans*, et dans lesquels on introduit l'extrémité de longues barres de bois où se placent des hommes dont la force, employée à *virer*, à faire tourner le cabestan, est multipliée par la longueur du bras de levier sur lequel ils agissent.

AMORTIR. Retarder le mouvement, la vitesse d'un navire, par degrés, jusqu'à ce qu'elle devienne nulle.

AMORTISSEMENT. État d'un vaisseau qui reste échoué par la retraite des eaux de la mer.

AMURE. Cordage attaché au coin inférieur d'une voile. Un vaisseau change d'amures, quand il manœuvre pour changer la direction de ses voiles et modifier sa marche. *Amurer*, c'est donc fixer, du côté du vent, et sur le bord d'un vaisseau, le *point* ou coin inférieur d'une voile.

ANCRE. Elle se compose d'une verge de fer que termine un double crochet, appelé *bras de l'ancre*. Chaque branche du crochet est terminée par un large triangle, appelé *patte*. Le bout aigu de la patte se nomme le *bec*. L'endroit de jonction de la verge aux bras s'appelle la *croisée*. Le biseau qui termine cette partie renforcée de l'ancre se nomme le *diamant*. A l'autre extrémité de la verge est un anneau de fer, la *cigale* de l'ancre. La barre de fer ou de bois placée transversalement sous la cigale et formant la croix se nomme le *jouail* ou *jas* de l'ancre. Le jouail posant à plat sur le sol, une patte de l'ancre y est fixée, et l'autre élevée en l'air. Le jouail force l'ancre à se placer dans cette position pour que le *bec* et la *patte* s'enfoncent en terre, et lui donnent ainsi toute la ténacité indispensable à ce point d'appui. Les ancres varient de grandeur et de poids, de 150 à 5,000 kilog. Maintenant qu'on a substitué aux câbles des chaînes de fer, le jouail est toujours une barre de fer. Les *chaînes* de l'ancre sont formées de maillons ovales, dont l'écartement est maintenu par une petite traverse. De dix-huit brasses en dix-huit brasses, un maillon coupé se ferme par un *boulon* mobile, qui permet de subdiviser la longueur de la chaîne, et de s'en débarrasser dans un cas pressé, comme on ferait d'un câble en le coupant. La force des chaînes est éprouvée au moyen d'une machine hydraulique qui leur fait subir une tension excessive. Le principal avantage des chaînes sur les câbles est de ne point se couper au frottement des rochers qui tapissent le fond de la mer.

ANSE. Petit enfoncement de la mer entre les terres ; sa forme est quelquefois longue, et quelquefois circulaire.

ANSPECT. Barre de bois destinée à élever la culasse du canon pour le pointage.

ANTENNES. Espèce de vergues sur lesquelles sont tendues les voiles triangulaires.

APPAREILLER. Préparer, disposer les voiles d'un vaisseau pour le mettre en mouvement. Cette opération se nomme *appareillage*.

ARCASSE. Pour joindre le dernier couple de la membrure de l'arrière à l'étambot, en un mot pour fermer le bâtiment, on construit l'*arcasse*. Cette partie se compose de fortes pièces de bois placées horizontalement, appelées *barres d'arcasse*, soutenues par des pièces verticales, analogues aux membres, que l'on nomme *estains*.

ARGANEAU. Anneau de fer. Les ancres ont un arga-neau, appelé aussi du nom de *cigale*.

ARMER, ARMEMENT. Préparer un vaisseau de guerre pour une expédition ; le munir d'artillerie, de munitions de toute espèce. *Armer en course*, c'est équiper en corsaire un navire marchand. *Armer une prise*, c'est mettre à bord d'un navire capturé le monde nécessaire pour le garder et le conduire au port. *Armer en flûte*, c'est disposer un vaisseau de guerre à faire le service de transports ; il ne porte plus alors qu'une partie de ses canons, le reste est remplacé par des approvisionnements quelconques.

ARRIÈRE. Partie postérieure d'un navire, comprise depuis le maître couple jusqu'à l'extrémité qu'on nomme *poupe*.

ARRIMAGE. Arrangement, disposition méthodique de tous les objets plus ou moins pesants qui sont placés dans la cale d'un vaisseau.

ARRIVER. C'est le mouvement d'un navire qui gagne terre, ou vient à l'abordage d'un autre.

ARTIMON. Dans un navire à trois mâts verticaux, on donne ce nom à celui qui est placé le plus en arrière.

ASSURER. Tirer un coup de canon en hissant son pavillon, pour certifier sa nationalité, quand deux navires se rencontrent. Assurer un faux pavillon serait commettre le crime de piraterie.

ATTERRAGE. Approche de la terre. Action de reconnaître une terre, pour rectifier la route.

ATTERRIR. Venir à la vue d'une terre connue, après un voyage de long cours.

AURIQUE (voile). Ce genre de voile affecte dans ses quatre côtés les formes les plus irrégulières. Dans cette catégorie se classent les voiles BRIGANTINES et les voiles de LOUGRE. Les bateaux Bermudiens, les goëlettes, canots, chaloupes sont gréés de voiles semblables.

AUSSIERE ou **COMMIS** en **AUSSIÈRE**. Cordage formé de trois ou quatre *torons* tournés autour d'un faisceau de *fils de caret*, appelé *mèche*. Trois *aussières* tournées autour d'une *mèche* forment un *grelin*. Les câbles ne sont autre chose que de forts *grelins*.

AVANT. Partie du vaisseau comprise depuis le maître couple, ou le milieu de la longueur, jusqu'à l'éperon. La partie extrême de l'avant se nomme *proue*.

AVARIE. Dommage fait à un vaisseau ou aux marchandises qu'il transporte. Un navire en reçoit dans son gréement, dans sa coque, ses mâts, ses vergues, ses voiles. Il peut, néanmoins, les réparer. Les abordages et les échouages produisent fréquemment des avaries.

AVIRON. Brin de bois de hêtre, frêne ou sapin, d'une grosseur plus ou moins grande, façonné de manière qu'une de ses extrémités est arrondie pour être saisie par la main du rameur, tandis que l'autre est large et plate pour frapper l'eau.

Les avirons servaient, autrefois, à bord des galères. On ne les emploie plus qu'à mouvoir les chaloupes et canots.

AVISO. Petit bâtiment employé à porter des ordres, des avis.

BABORD. Côté du navire qui est à la gauche du spectateur, lorsque, placé dans le plan diamétral, il regarde la proue du bâtiment. De là, tous les objets placés à la gauche du marin, sont dits être à babord.

BAIE. Les sinuosités d'une côte maritime forment, suivant leur grandeur, leur contour, leur profondeur, des *golfes* ou des *baies*. Les plus petites reçoivent le nom de *baies*, et sont plus ou moins à l'abri des coups de mer et des vents.

BANDES DE RIS. Bandes de toiles en travers, larges de six pouces, appliquées sur la voile, parallèlement à sa *tétière* ou envergue, et séparées de quelques pieds l'une de l'autre. Ces bandes de toile sont percées d'*œils de pie*, par lesquels passent des tresses de cinq pieds de longueur, et que deux gros nœuds à leur milieu empêchent de se dépasser. Ces tresses se nomment les *garcettes de ris*.

BARATERIE. Infidélité d'un capitaine lorsqu'il trompe les propriétaires de son navire, soit en changeant le plan des voyages qui lui ont été prescrits, soit en déguisant la nature de sa cargaison.

BARBE (SAINTE). Soute, ou magasin des poudres.

BARRE. A bord des grands vaisseaux, la tête du *gouvernail* pénètre dans l'intérieur du navire, en interrompant la continuité de l'*étambot*. La *barre*, forte verge de bois ou de fer, y engage une de ses extrémités dans un trou carré ; et, par son moyen, l'on fait varier les angles du gouvernail. (Voyez GOUVERNAIL.)

BASTINGAGE. Espèce de parapet, élevé sur les bords et tout autour d'un vaisseau, pour former un abri contre le feu de l'ennemi.

BER ou BERCEAU. Système de cordages entrelacés d'un côté à l'autre, sous la quille, et destinés à soutenir le bâtiment au moment du *lancement* ou de la mise à l'eau, après l'entière construction de la *coque*.

BOIS DE CONSTRUCTION ET DE MATURE. Ces bois sont conservés dans l'eau. A Cherbourg, on a employé avec succès le mode de conservation dans le sable. C'est le docteur Bouchard qui a fait récemment une découverte consistant à injecter dans les veines de l'arbre sur pied des liquides qui passent dans sa circulation. Depuis cette époque, il est devenu possible d'y couler certains mélanges chimiques qui augmentent, suivant leur nature, la dureté, le moëlleux et l'incorruptibilité du bois.

BOMBARDES. Pièces d'artillerie en bois, recouvertes de cuivre et cerclées de fer, qu'on employait à bord des navires lors des premiers essais de la poudre à canon.

BONNETTES. Voiles supplémentaires qu'on ajoute, dans les beaux temps, aux voiles hautes ou basses, et sur leur côté, quand elles sont déployées, pour accélérer la vitesse du navire, en utilisant tout le souffle du vent.

BORDAGES. Planchers qui revêtent l'extérieur de la carcasse du navire. Celles qui revêtent l'intérieur se nomment *vaigres*. Vaigres, membrures, bordages forment ensemble la muraille du bâtiment.

BORDURE (RALINGUE DE). Nom de la ralingue inférieure de la voile. (*Voyez* RALINGUE.)

BRANLE-BAS, Comme, dans un navire, tous les hamacs (*branles*) de l'équipage sont suspendus aux baux supérieurs, dans les entreponts, faire *branle-bas*, c'est les détacher et les porter dans les bastingages, où ils forment un abri contre le feu de l'ennemi. — Faire branle-bas, c'est encore appeler tout l'équipage aux postes de combat.

BRASSE. Longueur d'un mètre soixante-dix centimètres.

BRASSER. Tirer une vergue par une de ses extrémités, au moyen d'un cordage, pour la faire tourner horizontalement.

BRICK. Nom qui n'est que l'abrégé de celui de *brigantin*, qu'on donne à un petit bâtiment à deux mâts verticaux.

BRIGANTIN. Bâtiment à deux mâts, et d'une grandeur peu considérable. Il est ainsi nommé parce que sa grande voile, appelée *brigantine*, se déploie sur deux vergues, l'une supérieure, l'autre inférieure.

BRISANTS. Monticule, terre, sable ou rochers qui s'élèvent du fond de la mer, à une distance plus ou moins grande de sa surface. Les marins reconnaissent, au brisement irrégulier des lames de la mer, les endroits dangereux où se rencontrent ces obstacles.

BRISE. Nom général des vents journaliers. On dit : brise du matin, brise du soir, brise du large, brise de terre. La durée d'une brise est variable, selon les temps et les saisons. Une brise *carabinée* est souvent le précur- -eur d'une tempête.

BRULOT. Tout bâtiment reçoit ce nom lorsque, rempli d'artifices et de matières combustibles, il est destiné à incendier des vaisseaux ennemis, en se consumant lui-même.

ÇABLE. Cordage très-fort, formé de plusieurs *grelins* tournés autour d'une *mèche* ou faisceau de *fils de caret*. Le *grelin* est un assemblage de trois *aussières* tournées sur une *mèche*. L'*aussière* se compose de trois ou quatre *torons* tournés autour d'une *mèche* ; et le *toron* est un petit cordage formé de deux à six cents *fils de caret* tordus ensemble.

CALE. Espace le plus enfoncé du navire, entre le faux pont et la carlingue, depuis la soute aux poudres jusqu'à la fosse aux câbles. On y serre le vin, l'eau, les cordages de rechange.

CALER. S'enfoncer dans l'eau plus ou moins, selon le poids du navire et de son chargement.

CALFATAGE. Le bâtiment, une fois muni de ses revêtements intérieurs et extérieurs, est livré au calfatage, qui doit empêcher l'eau de pénétrer dans sa cale. On bourre toutes les fuites d'étoupes chassées à grands coups de maillet et recouvertes d'un enduit de *brai*, sorte de résine noire. Cette opération se renouvelle chaque fois qu'un bâtiment revient d'une longue campagne. Les ouvriers employés à ce travail se nomment *calfats*.

CALME. Repos parfait de la mer. Calme *plat*, lorsque le vent est nul, et que les voiles sont inutiles. On éprouve des calmes plus ou moins longs, dans certains parages, et en certaines saisons.

CANON. Les canons de la marine sont en fonte de fer. Ils sont munis, comme ceux de terre, de deux *tourillons*, sorte d'essieux très courts, fondus avec la pièce même. Leurs affûts sont des charriots portés par quatre petites roues massives. Les deux montants latéraux, les *flasques*, reçoivent les tourillons dans une entaille demi circulaire. La queue des flasques est coupée en gradins. Une barre de bois, nommée *anspect*, d'un côté, une *pince* ou barre de fer, de l'autre, engagés sous la culasse et appuyés sur un de ces gradins, servent à élever la culasse pour le pointage. A l'état de repos, et après le pointage terminé, la culasse repose sur le *coin de mire* en bois. Au moment de faire feu, toute la *volée* du canon est en dehors de son embrasure ou *sabord*, et la tête des flasques appuie contre le bord. Pour arrêter l'effet du *recul*, un fort cordage, nommé *brague*, est fixé par ses deux bouts dans un anneau rivé à la muraille de chaque côté du sabord et passe dans une bouche de fer à la culasse du canon. On donne à ce cordage une longueur suffisante pour qu'au recul la bouche de la pièce se trouve au niveau intérieur de la muraille du bâtiment. C'est dans cette position qu'on charge le canon. Pour l'empêcher de retourner au sabord, on se sert d'un *palan* dont chaque *poulie* est munie d'un croc. L'une s'accroche à une boucle fixée dans le pont, en arrière de la pièce ; l'autre à un gros piton fiché dans l'arrière de l'affût. En roidissant ce palan, on rapproche forcément l'affût de la boucle inébranlable du pont. Le canon est alors *hors de batterie à longueur de brague*. Pour le remettre dans sa position première, la bouche en dehors du sabord, on lâche ou file ce palan, nommé le *palan de retraite*, et on en roidit deux autres, les *palans de côté*, dont une des poulies tient, de chaque côté, à un croc rivé dans le bord, et l'autre à un piton dans chaque *flasque*.

CANONNIÈRE. Chaloupe canonnière, armée d'artillerie.

CAPE. Mettre à la cape, c'est diminuer de voiles dans un gros temps et ne les présenter que très obliquement à la direction du vent régnant, afin de faire le moins de chemin possible.

CAPOTER. Un navire capote, sous l'effort de la tempête, ou par un accident quelconque, lorsqu'il se renverse de haut en bas et reste la quille en l'air.

CARÈNE. Ce nom désigne la partie submergée de tout bâtiment, celle qui plonge dans l'eau.

CARÉNER. Chauffer la surface extérieure de la carène pour brûler le vieil enduit dont elle est couverte, ensuite réparer le calfatage altéré, étendre du brai chaud sur toutes les coutures, et enduire tous ses contours d'un nouvel apprêt. L'objet de cette opération est d'assurer le salut du navire et toute la vitesse qu'il est susceptible de prendre ; on l'exécute en abattant le navire sur le flanc.

CARGUER. C'est retrousser une voile en partie ou en entier auprès de la vergue qui la porte, en faisant agir des cargues ou garcettes séparées, ou toutes ensemble.

CARONADE. Canon gros et court, qui présente l'avantage d'un grand calibre à plus de légèreté que les canons ordinaires. Sa portée est aussi moins étendue.

CARRÉE (voile). Cette voile est ainsi appelée parce

qu'elle a la forme d'un trapèze, dont les côtés supérieurs et inférieurs sont parallèles entre eux, et les deux autres également obliques. Elle s'attache par la partie supérieure à une petite pièce de bois nommée VERGUE.

CARTAHU. Nom général de tout cordage qu'on fait passer dans une poulie, pour servir soit à élever, soit à abaisser un objet quelconque.

CHAINES-CABLES, ou chaînes de mouillage. Elles sont en fer, longues de vingt-cinq brasses ; elles s'attachent par une extrémité à l'arganeau de l'ancre, lorsqu'elles doivent être mouillées parmi des rochers au fond de la mer, et elles tiennent dans l'intérieur du navire par l'autre extrémité. Ces chaînes sont en fer pour résister aux frottements qui useraient promptement les plus forts câbles.

CHANDELIER. Support de fer vertical pour les fanaux, les pierriers, les espingoles, etc.

CHARTE-PARTIE. Transaction passée entre un négociant ou armateur et le capitaine d'un navire marchand, pour fixer le prix et les conditions d'une opération de commerce ou d'un transport.

Traité passé entre les corsaires, pirates, flibustiers et autres pour régler les conditions de leurs associations, leurs parts de prise, etc., etc.

CHASSE. *Donner* la chasse, c'est poursuivre un autre navire. *Prendre chasse*, c'est fuir soi-même.

CHAVIRER. C'est être renversé sens dessus dessous. Un vaisseau chavire à la mer lorsque la quille s'élève au-dessus de l'eau, pendant qu'il tourne sur lui-même sous l'effort de la tempête.

CHÉBEC. Petit bâtiment à voiles et à rames, en usage dans la Méditerranée. On l'arme de dix à douze pièces de canon.

CINGLER. S'avancer sur mer avec une vitesse quelconque.

CIVADIÈRE. Nom d'une voile et de sa vergue, qui sont portées par le mât de beaupré dans un vaisseau. Quand on en place une seconde au-dessus de la première, elle prend le nom de *contre-civadière*.

CLAPOTTER. La mer clapotte lorsque les vagues, courtes, multipliées, et sans forme régulière, comme sans direction déterminée, ne font que s'élever et s'abaisser sur elles-mêmes sans se propager dans l'espace avec les ondulations d'une mer libre. Cet état de la mer a souvent pour cause son resserrement par des hauts fonds, des rochers ou les côtes qui l'environnent.

CONSERVE. Navire qui fait route de compagnie avec d'autres bâtiments, et qui se tient toujours en vue pour lui donner ou en recevoir protection et secours.

CONTRAIRE. La marée ou un courant sont *contraires*

lorsque leur direction ne permet pas à un vaisseau de suivre une route proposée, ou lorsqu'elle s'oppose |à ce qu'il dirige sa marche vers un terme désigné. — Le vent est *contraire* lorsque son action ne peut être employée avec avantage à pousser un vaisseau sur une aire de vent déterminée.

CORDERIE. Atelier des arsenaux maritimes où se fabriquent les cordages.

CROISIÈRE. Parage de la mer dans lequel un vaisseau est occupé à *croiser*, à surveiller de long en large tout ce qui se passe. — Endroit où l'on attend le passage connu de bâtiments signalés. — Temps que dure le service de croiser.

CROISEUR. Nom général donné aux navires qui font le service de croisière, et aux capitaines qui les commandent.

COURANTES (manœuvres). Cordages d'un vaisseau qui, destinés à mouvoir les mâts, les vergues et les voiles, sont toujours susceptibles de *courir* dans les poulies où ils passent. Ces manœuvres ont des colliers qui les fixent au haut des mâts, des vergues, etc. On y place les poulies qu'elles doivent embrasser. On les recouvre d'une couche ou deux de fil de caret tourné autour, comme le fil métallique qui recouvre les grosses cordes d'une harpe, dans les endroits où le frottement des manœuvres courantes pourrait entamer le corps du filin.

CUTTER. Petit bâtiment portant des voiles auriques, avec hunier et perroquet. Son arrière plonge plus, en voguant, que sa proue. L'usage des cutters ou *cotres* est plus fréquent en Angleterre qu'en France.

DALOTS. Gouttières placées le long des deux bords du navire pour l'écoulement des eaux du pont.

DÉBORDER. S'éloigner d'un vaisseau qu'on avait accosté.

DÉBOUQUER. Sortir d'un canal, d'un archipel, d'un détroit, et entrer dans une mer libre.

DÉCHOUER. Se dit d'un navire échoué et qui parvient à se relever, à se remettre à flot.

DÉFERLER. C'est dégager une voile de tous les cordages qui la tiennent pliée ou pressée sur la vergue.

DOGRE. Bâtiment hollandais pour la pêche du hareng. Il a deux mâts, un grand mât et un mât d'artimon, qui portent des voiles carrées.

DORMANTES (manœuvres). Cordages d'un vaisseau qui, une fois mis en place et roidis pour assurer les mâts, soutenir les vergues, etc., ne sont plus mobiles.

DOUBLAGE. Enveloppe en bois, ou en cuivre, ou en

feuilles d'autre métal, dont on recouvre la carêne d'un vaisseau, pour lui conserver sa forme, et la garantir des attaques des vers ou de la pourriture.

DOUBLER un cap, une pointe, un vaisseau, c'est les dépasser.

DUNES. Rivages élevés de la mer, et formés par des sables amoncelés.

ÉCOUTE. Cordage attaché au coin d'une voile, pour servir à la déployer et à la tendre. Les écoutes sont distinguées par les noms des voiles auxquelles elles s'attachent, écoutes de misaine, de beaupré, d'artimon, de hunier, de perroquet, etc., etc.

ÉCOUTILLE. Ouverture quadrangulaire, ou trappe, pratiquée dans l'épaisseur d'un pont, pour faciliter les communications de haut en bas du navire. Elles sont fermées par des panneaux mobiles.

ÉCUBIERS. Trous cylindriques placés de chaque côté de l'*étrave*, à l'avant du vaisseau, pour donner passage aux chaînes de l'ancre, entre le premier et le second pont.

ÉCUEILS. Nom général de toutes les parties du fond de la mer qui s'élèvent si près de la surface de l'eau qu'un bâtiment ordinaire ne peut passer au-dessus sans

les toucher et, par conséquent, sans courir les risques ou
d'échouer, ou de se briser, ou de subir des avaries plus ou
moins considérables.

ÉCUMEUR. Voleur sur mer, pirate, flibustier. On donne
le même nom aux bâtiments et aux marins qui font ce
métier.

EMBARGO. Défense faite aux bâtiments qui sont dans
un port d'en sortir sans permission. Acte de saisie de
vaisseaux ennemis qui se trouveraient dans le port au
moment de la déclaration d'embargo.

EMBOSSER. Un vaisseau s'embosse quand il prend
la position la plus convenable pour l'attaque ou pour la
défense.

ANCAPER. Entre des caps, dans des golfes vastes et
profonds.

ENFILADE. Essuyer une enfilade à bord, c'est recevoir des boulets dirigés de l'avant à l'arrière, et réciproquement.

ENTREPONT. Intervalle qui sépare deux ponts dans
un vaisseau.

ENVOYER. Tirer du canon à boulet ou à mitraille.

ÉPERON. Assemblage de charpente, placé en saillie sur
l'avant du vaisseau, pour amortir les chocs.

ÉPONTILLES. Pièces de bois plus ou moins fortes, dressées pour étayer les planches du navire.

ESPINGOLE. Canon court et évasé, monté comme un fusil, et soutenu par un *chandelier*, ou support vertical.

ESQUIF. Nom commun donné aux petites embarcations qui servent au passage des bras de mer peu considérables.

ESTIME. Calcul approximatif du lieu d'un vaisseau sur la surface du globe, d'après la longueur mesurée de la route qu'il a faite et la direction observée de cette même route.

ÉVITÉE. Espace nécessaire à un vaisseau mouillé pour tourner librement autour d'une ancre.

FAUX-PONT. Dans presque tous les bâtiments, c'est une espèce de pont placé au-dessous de celui qui porte les canons. Il sert à partager en portions inégales l'espace qui règne entre la batterie basse et le fond de la cale d'un vaisseau ; c'est sur ce faux-pont qu'on forme plusieurs aménagements pour les munitions diverses nécessaires à la navigation, au logement des matelots, etc.

FELOUQUE. Bâtiment assez semblable à une galère, mais plus petit, et marchant à voiles et à rames.

FERLER. C'est serrer une voile étroitement sur sa vergue.

FLAMME. Banderolle arborée au haut d'un mât, qui annonce la nation à laquelle appartient un navire.

FLUTE. Bâtiment de charge ou de transport. Les flûtes ont un pont et un faux-pont, trois mâts verticaux et des voiles carrées, peu de canons et un équipage peu nombreux.

FORBAN. Voleur sur mer, pirate.

FRAICHIR. Se dit du vent lorsque, de faible qu'il était, il devient plus fort et donne au navire un accroissement de vitesse.

FRÉGATER. Un vaisseau est frégaté lorsque sa forme se rapproche plus ou moins de celle d'une frégate.

FUIR. Se dit du navire qui manœuvre pour courir devant la lame directement, et éviter son atteinte. Il fuit vent arrière.

GALION. Nom général de plusieurs espèces de vaisseaux de charge employés autrefois par le commerce espagnol avec les Indes Occidentales et d'autres colonies.

GALIOTTE. Bâtiment de transport en Hollande. En

France, on nommait galiotte à bombes un navire armé de deux mortiers, placés dans le milieu, sur une plate-forme.

GARDE-MARINE. Nom donné autrefois aux élèves de la Marine Royale ; aujourd'hui *aspirants de marine*, lesquels naviguent sous le titre effectif d'officier.

GONDOLE. Petite barque, plus ou moins ornée, en usage à Venise, et qui marche à rames.

GOULET. Canal étroit et court, qui fait communiquer une rade ou un port avec la grande mer.

GOUVERNAIL. Assemblage de charpente qui forme un solide presque prismatique, dont deux faces parallèles sont étendues et égales, et dont l'épaisseur est peu considérable, relativement à ses autres dimensions. Cette pièce est accrochée extérieurement à l'arrière du navire, par des gonds qui lui permettent de tourner à droite ou à gauche. Elle est pourvue d'un levier ou *barre*, qui pénètre à l'intérieur, et qui sert à en régler les effets, en imprimant au vaisseau un mouvement de rotation horizontale qui en change plus ou moins la direction.

GRAIN. Coup de vent rapide, violent, mais de peu de durée, qui se produit soudainement.

GRAPPIN. Verge de fer, armée, à une de ses extrémités, de plusieurs crochets qui servent, lorsqu'on lance le grappin au moyen d'un cordage, à accrocher un autre navire dans les combats qui se terminent par l'abordage. Les grappins sont lancés du haut des huniers, ou de dessus le pont.

HAUBAN. Cordage employé pour affermir les mâts dans le sens latéral. Les haubans embrassent la tête des mâts et descendent de cette hauteur pour venir s'attacher par l'autre extrémité, avec toute la roideur convenable, ou sur les bords des hunes, ou sur les côtés du navire. Ils sont réunis par des *enfléchures*, ou échelons de corde, qui servent à monter jusqu'au haut des mâts. Un bâtiment qui veut s'accrocher à un autre, pour l'abordage, fait quelquefois passer son beaupré entre les haubans de celui-ci.

HAVRE. Lieu retiré, qui communique à la grande mer, sans que ses lames puissent s'y propager. Il sert de retraite aux vaisseaux chassés par la tempête.

HAVRER. Se dit du navire qui se réfugie dans un hâvre.

HIVERNAGE. Saison particulière qui est distinguée, dans certains parages, par les pluies et les tempêtes dont elle est l'époque. Pendant sa durée, les vaisseaux se tiennent éloignés de la haute mer.

HOULEUSE. La mer est houleuse quand ses eaux

forment, sans bruit et sans écume, des ondes longues et élevées, pendant le calme qui succède à l'orage. Ce n'est que l'effet de leur tendance à un équilibre général après une agitation violente.

HUNE. Plate-forme établie sur des barres, près de la tête d'un bas-mât. Elle est percée d'une ouverture pour le passage des matelots. Dans les combats, la hune est garnie de pierriers et de fusiliers. C'est de là aussi qu'on lance les grappins d'abordage.

LAMANEUR. Pilote qui se charge de conduire un navire le long d'une côte, de le diriger dans une rade ou un port. Il doit avoir la connaissance pratique des haut-fonds, des marées, des courants, des mouillages, des passes, des canaux.

LARGE. Tout espace de mer qui est hors de la vue de toute terre.

LARGUER. Lâcher, détendre un cordage.

LATITUDE. Distance d'un vaisseau à l'Équateur, comptée sur le méridien du vaisseau.

LEST. Assemblage de morceaux de fer ou de fonte qu'on entasse avec ordre jusqu'à une certaine hauteur, dans le fond d'un navire, pour abaisser, par leur pesanteur spécifique, le lieu du centre de gravité de ce vaisseau, et contribuer ainsi à augmenter sa stabilité sur les eaux.

MATS. Assemblage de pièces de bois qui portent les voiles d'un bâtiment. Les mâts des vaisseaux, de nos jours, ne sont pas d'un seul brin, d'un seul jet. Trois pièces de mâture superposées composent le mât d'un navire : un *bas-mât*, surmonté d'un *mât de hune*, que prolonge un *mât de perroquet*. Les *bas-mâts* d'un vaisseau, par exemple, sont d'une telle longueur qu'aucun arbre ne pourrait les fournir. Aussi les fait-on de pièces d'assemblage, réunies entre elles par des cercles de fer. L'extrémité supérieure d'un mât est équarrie et forme un *tenon*. Huit ou dix pieds plus bas, un renfort naturel, ou ajouté, sert à appuyer les barres et les colliers que forment les *dormants* qui consolident la mâture. Au-dessous de ce renfort, ou *noix*, les mâts de *hune* et de *perroquet* sont traversés par une fente longitudinale, ou *clan*, où l'on introduit un *réa*, ou *rouet* de poulie. C'est dans ce *clan* que passera la corde servant à hisser la *vergue* et la voile appartenant à chaque mât.

Les navires ont ordinairement quatre mâts, dont trois verticaux, et un oblique. Le mât oblique se place à *l'avant* ; à la proue du bâtiment, c'est le *beaupré*. Les trois autres mâts, de l'*avant* à l'*arrière*, sont le *mât de misaine*, le *grand mât* et le *mât d'artimon*.

MONTE EN BOIS TORS (Navire). Lorsque la *quille* a été posée, que les *couples* ont été élevés perpendiculairement sur elle, que les *serres* courant sur les couples ont commencé à dessiner les *façons* du navire, que l'ar- casse a été montée, les *baux* endentés dans les serres, etc., le bâtiment est dit *monté en bois tors.*

MOUCHE. Petit bâtiment léger, détaché d'une armée navale, pour suivre et observer un ennemi, rendre compte de sa marche et l'inquiéter, s'il est possible.

MOUILLAGE. Lieu de la mer où les vaisseaux peuvent jeter l'ancre. Il faut que la mer couvre un fond peu éloi- gné de sa surface, et dans lequel les pattes de l'ancre puissent mordre et s'engager de manière à résister à l'ef- fort des vents.

OEILS DE PIE. OEillets percés le long de la *têtière* ou *envergue* de la voile, et qui servent à la lier à la *vergue.*

ORIENTER. On s'oriente sur un vaisseau, en mer, comme on le fait sur terre, en rapportant sa position à celle des objets principaux qui sont sur l'horizon, ou en faisant des relèvements à la boussole. On oriente le na- vire en disposant ses voiles pour recevoir le vent d'une manière quelconque.

OURAGAN. Tempête qui varie dans sa force et dans sa direction. La mer, alors, est battue dans différents sens à la fois, ce qui la rend très dangereuse.

PANNE. Etat d'un navire dont les voiles sont orientées

de manière que l'action du vent sur les unes est balancée par son impulsion sur les autres ; et que leurs efforts opposés, étant en équilibre, maintiennent le bâtiment sans vitesse progressive. Le besoin d'attendre, ou l'incertitude sur la route à suivre font mettre en panne.

PANTENNE. Un navire est *en pantenne* lorsqu'il a ses voiles déchirées et pendantes, ou ses vergues coupées dans un naufrage ou un combat.

PARTANCE. Etat d'un navire tout prêt à quitter le port.

PATACHE. Petit bâtiment employé sur les rivières, sur les côtes, pour visiter les navires qui passent, percevoir les droits, et surveiller la navigation.

PAVOISER. Couvrir un vaisseau de tous ses pavillons.

PALAN. Cordage passant alternativement dans des poulies doubles, et faisant *dormant* sur *l'estrope* de l'une d'elles.

PAQUEBOT. Petit bâtiment propre et destiné à porter des paquets, des correspondances. La légèreté est une de ses premières conditions.

PARLEMENTAIRE. Navire envoyé pour négocier une

trève, une capitulation, ou pour échanger des prisonniers de guerre.

PAVILLON. Terme naval qui désigne, à bord des navires, le drapeau de la nation à laquelle ils appartiennent.

PINASSE. Petit bâtiment dont la qualité doit être celle de bien marcher. Il court à voiles et à rames. On donne aussi ce nom à certains bateaux armés de huit avirons destinés pour le service des vaisseaux qui les transportent avec eux.

PLOMB. Lorsqu'à la mer on veut mesurer la profondeur de l'eau, on laisse couler jusqu'au fond un poids très lourd, attaché à une petite corde nommée *ligne* ; et, comme ce poids est ordinairement de plomb, on le nomme *plomb de sonde*. Sa forme est pyramidale, et sa base inférieure est excavée pour être remplie de suif quand elle est mise en usage, afin qu'en reposant sur le fond elle se charge d'un échantillon ou d'une empreinte qui indique la qualité ou l'état du sol sur lequel elle est tombée.

POINTS. Nom des angles de la voile auxquels sont attachées les grosses cordes, appelées ÉCOUTES, qui servent à tendre la voile. (*Voyez* RALINGUE.)

POLACRE. Bâtiment de charge, en usage sur la Méditerranée.

PONTS. Les *baux* ou *barots*, recouverts d'un plancher, forment les ponts du navire. Ils règnent à tous les étages du bâtiment, dans toute sa longueur, et sont seulement percés de panneaux pour communiquer de l'un à l'autre. Le nombre d'étages ou de ponts dans un navire sert à en désigner la grandeur et le rang.

PRAME. Gros et fort bâtiment dont le fond est plat, et qui peut porter de grands poids ou de gros et nombreux canons en batterie, sans enfoncer dans l'eau à une grande profondeur. On en a employé pour la défense de certaines côtes, et elles servaient comme autant de forteresses mobiles.

RALINGUE. Les cordages qui entourent une voile sont cousus sur les bords, pour les fortifier contre les efforts du vent, qui pourraient la déchirer : ce sont les *ralingues*. *Ralinguer*, c'est coudre une ralingue, ou disposer une voile de manière que le vent ne frappe ni dessus, ni dedans, et qu'il soit dirigé dans le plan même des ralingues de cette voile.

RELACHE. Un vaisseau fait relâche, ou suspend sa route, par suite du mauvais temps, ou par le mauvais état de sa coque, de son gréement, ou pour faire de l'eau et se munir de nouveaux vivres.

REMORQUER. Action de tirer un navire à la suite d'un autre, par le moyen de câbles.

ROULIS. Balancement d'un navire sur les vagues, dans le sens de sa largeur.

SEMONCE. Coup de canon à poudre, pour inviter un navire ennemi à hisser son pavillon. En cas de refus, on tire à boulets, jusqu'à ce que ce navire ait obéi au signal.

SIGNAUX. Moyens de communication, de jour ou de nuit, entre les bâtiments qui composent une escadre.

SOUTES. Retranchements ou compartiments faits dans l'intérieur d'un navire, au-dessous de ses ponts. Il y a, dans la cale et sous le faux-pont, des soutes destinées à emmagasiner les vivres, les effets, les cordages, les poudres, etc. La soute aux poudres est armée d'une double muraille en briques, qui la sépare du reste du navire et la préserve des périls du feu.

TANGAGE. Balancement d'un navire sur les vagues, dans le sens de sa longueur.

TARTANE. Petit bâtiment à un seul mât vertical, avec un beaupré et une grande voile latine et triangulaire.

TOURILLONS. Sorte d'essieux très-courts, adaptés aux pièces d'artillerie de marine, et qui reposent dans une entaille demi-circulaire, pratiquée sur les montants latéraux, ou *flasques*, de l'affût. Les tourillons sont fondus avec la pièce même.

TRAVERS. On donne quelquefois ce nom au flanc d'un bâtiment. Un vaisseau est dit présenter le *travers* à un courant, à la marée, au vent, ou à un autre navire, lorsque leur impulsion est dirigée perpendiculairement à son flanc.

TRINQUARD. Petit bâtiment en usage dans la Manche.

\ GIE. Sentinelle placée dans les mâts d'un navire, pour surveiller au loin.

VIRER. Tourner le cabestan.

YACHT. Petit bâtiment anglais. — Pavillon anglais.

YOLE. Petit canot léger, à voile ou à rames, à l'usage du commandant d'un navire.

FIN.

TABLE DES MATIÈRES

3053. — ABBEVILLE. — TYP. ET STÉR. A. RETAUX.